# LE DROIT OHADA
# DE L'EXÉCUTION FORCÉE

## Collection « Bibliothèque de droit africain »

*Dirigée par Matadi Nenga Gamanda*

### Titres parus

1. Ngondankoy Nkoy-ea-Loongya Paul-Gaspard, *Droit congolais des droits de l'homme*, 2004.
2. Masamba Makela Roger, *Droit économique congolais*, 2006.
3. Matadi Nenga Gamanda, *Droit judiciaire privé*, 2006.
4. Mutoy Mubiala, *La mise en oeuvre du droit des réfugiés et des personnes déplacées en Afrique*, 2006.
5. Boshab Évariste, *Pouvoir et droit coutumiers à l'épreuve du temps*, 2007.
6. Kangulumba Mbambi Vincent, *Précis de Droit civil des biens. Tome 1. Théorie générale des biens et théorie spéciale des droits réels fonciers et immobiliers congolais*, 2007.
7. Esambo Kangashe Jean-Louis, *La Constitution congolaise du 18 février 2006 à l'épreuve du constitutionnalisme*, 2010.
8. Boshab Évariste & Matadi Nenga Gamanda, *Le statut de représentants du peuple dans les assemblées politiques délibérantes*, 2010.
9. Kamukuny Mukinay Ambroise, *Contribution à l'étude de la fraude en droit constitutionnel congolais*, 2011.
10. Minaku Ndjalandjoko Aubin et Bokona Wiipa Bondjali François, *Lexique des assemblées politiques délibérantes*, 2014.
11. Esambo Kangashe Jean-Louis, *Le droit électoral congolais*, 2014.
12. Kahisha Alidor Munemeka, *Le droit OHADA de l'exécution forcée*, 2019.

Kahisha Alidor MUNEMEKA

# LE DROIT OHADA DE L'EXÉCUTION FORCÉE

BIBLIOTHÈQUE DE DROIT AFRICAIN 12

academia
L'Harmattan

D/2019/4910/14 ISBN : 978-2-8061-0448-9


Grand'Place, 29
B-1348 Louvain-la-Neuve



**www.editions-academia.be**

# LISTE DES SIGLES ET ABRÉVIATIONS

- AUA : Acte uniforme relatif au droit de l'arbitrage
- AUPSRVE : Acte uniforme relatif aux procédures simplifiées de recouvrement et voies d'exécution
- CCJA : Cour commune de justice et d'arbitrage
- CPC : Code de procédure civile
- OHADA : Organisation, pour l'harmonisation en Afrique du droit des affaires
- RDC : République Démocratique du Congo

# PRÉFACE

Le droit judiciaire privé, droit servant ou sanctionnateur, est le cuisinier des autres disciplines du droit. Le cuisinier travaille beaucoup, donne le meilleur de lui-même jusque dans les détails que ceux qui sont à table ignorent souvent. C'est dire que la discipline est ingrate pour ceux qui l'enseignent. Monsieur Kahisha Alidor Munemeka, chef des travaux à l'Université Protestante au Congo et avocat à la fois, attaché à l'enseignement du droit judiciaire privé, en sait quelque chose.

La discipline est coriace. Les normes s'entrelacent tout en s'arc-boutant sur des principes directeurs. Le bavardage y est exclu. Les sanctions sont bien définies et impitoyables dans certains cas. Ce visage punitif est présent dans les voies d'exécution où l'on retrouve un formalisme strict. C'est sans doute la raison pour laquelle on n'enseigne pas d'hérésie. Mais grâce à l'interprétation, l'application des normes évolue. L'interprétation doctrinale, dite scientifique, a une place non négligeable pour influencer l'interprétation authentique. Les deux bougent les procédures et le législateur n'est pas d'oreille sourde. Mais malgré cela la discipline reste disciplinée.

À un moment où les normes de la législation communautaire OHADA envahissent le système juridique congolais tout en assurant la hiérarchie et la validité normatives de l'Ordre, il s'impose de porter à la connaissance des usagers ces règles nouvelles et abondantes. Aussi, l'auteur s'est-il assigné ce devoir d'enseignement, dans une perspective pratique.

Le titre de l'ouvrage, *Le droit OHADA de l'exécution forcée*, est consacré à l'Acte uniforme portant organisation des procédures simplifiées de recouvrement et des voies d'exécution (AUPSRVE). Il aborde dans un style simple et clair les nouveaux concepts que ce droit impose à la législation congolaise. C'est ainsi que l'on rencontre des expressions qui étaient étrangères telles que « la folle enchère, la saisie attribution des créances, la saisie revendication, etc.). Par contre, le Ministère public qui apparaît toujours dans toute instance ordinaire disparaît presque furtivement. C'est ici que l'on comprend que les officiers du Ministère public ont leur rôle important bien précis, mais qu'en réalité, dans les instances privées, ce rôle devait être amoindri pour éviter la bureaucratie. L'AUPSRVE en donne un bel exemple.

Cette conception n'est pas vraiment nouvelle dans la législation congolaise. En effet, à l'époque de l' État Indépendant du Congo (EIC), elle était de pratique devant le Tribunal d'appel de Boma qui siégeait en appel, en matière de droit privé, sans officier du ministère public, sauf pour les matières limitativement prévues par la loi. Il en était de même devant le Tribunal de première instance de Banana et de tous les Tribunaux territoriaux créés par le décret du 27 avril 1889[1].

Mais les Voies d'exécution relèvent-elles de la procédure civile ou sont-elles une branche indépendante du droit judiciaire ? Le débat est déjà vieux. Pierre Catala et François Terré ne prévenaient-ils pas, en 1976, dans la deuxième édition de leur *Procédure civile et voies d'exécution,* que l'autonomie du droit d'exécution est médiocre ; droit sanctionnateur il ne s'identifie pas au droit civil ; il ne se confond pas davantage à la procédure civile car l'exécution forcée n'est pas la suite du procès[2]. L'auteur rallume ce débat dans l'introduction générale de son ouvrage : « Le concept voie d'exécution se distingue de la procédure civile à un double point de vue : la méthode et la finalité ».

Si le droit d'exécution n'est ni le droit civil ni la procédure civile, de quelle nature est-il alors ? Il relève, simplement, du droit judiciaire privé car cette dernière discipline va au-delà de la procédure civile et couvre l'exécution forcée qui n'est pas le prolongement du procès comme on le prétend souvent.

Puis-je demander aux lecteurs, principalement aux étudiants en droit, de lire ce livre pour mettre à jour leurs connaissances en Droit judiciaire privé, surtout en ce moment-charnière de la fusion Droit congolais-Droit OHADA.

**MATADI NENGA GAMANDA**
Docteur en droit de l'Université de Paris X-Nanterre
Professeur ordinaire à l'Université Protestante au Congo
Avocat près la Cour de cassation

---

1 Les Tribunaux territoriaux ne sont pas les tribunaux de territoires. Ce sont des tribunaux institués en 1889, juridictions supplétives d'abord, puis définitives ensuite. À l'origine, ils avaient été créés pour remplacer le Tribunal de première instance de Banana dans les parties du territoire de l'État où celui-ci ne pouvait faire de l'itinérance. Dans ce cas, le Gouverneur général désignait un juriste comme suppléant à siéger d'une manière permanente comme « juge territorial » avec telle juridiction territoriale qu'il fixait

2 CATALA (P.) et TERRE (F.), *Procédure civile et voies d'exécution*, Paris, PUF, coll. « Thémis », 1976.

# INTRODUCTION GÉNÉRALE

## I. LA NOTION DES VOIES D'EXÉCUTION

### 1.1. DÉFINITION ET AUTONOMIE

Les voies d'exécution sont des procédures légales mises à la disposition du créancier pour lui permettre d'obtenir l'exécution forcée de sa créance, lorsque le débiteur n'exécute pas volontairement. Ces voies ont un caractère légal interdisant le recours, pour l'exécution forcée d'une créance, à une procédure non prévue par le législateur.

Le concept voie d'exécution se distingue de la procédure civile à un double point de vue : la méthode et la finalité.

Au niveau **des méthodes**, la procédure oppose le demandeur et le défendeur, qui doivent être entendus en leurs prétentions sur un pied d'égalité. Elle relève donc de la « *jurictio* ».

Les voies d'exécution quant à elles, procèdent d'un droit d'autorité fondé sur la contrainte nécessaire pour venir à bout de la résistance du débiteur qui n'a pas procédé à l'exécution volontaire. La relation créancier-débiteur, dans le cadre des voies d'exécution, est inégalitaire, alors que la relation demandeur-défendeur est, en procédure civile, fondée sur l'égalité des parties.

En ce qui concerne **la finalité**, la procédure civile a pour but de trancher le litige à travers la décision du juge ou de l'arbitre, en disant le droit. Complétant le processus, les voies d'exécution ont pour finalité de matérialiser le droit ainsi dit, en le mettant en œuvre, en le faisant passer dans les faits.

### 1.2. CLASSIFICATION

La classification des voies d'exécution est faite en prenant en compte la nature du bien, objet de la saisie. Ainsi, en raison de cette nature, on distingue d'une part, les voies d'exécution mobilières ou saisies mobilières (telles que les saisies conservatoires, la saisie-vente, la saisie-attribution des créances...) et d'autre part, la saisie immobilière. On peut également classifier les voies d'exécution en considérant leur finalité. Ainsi, on a d'une part, les voies d'exécution mesures conservatoires, et d'autre part, les voies d'exécution à fin d'exécution.

Les premières ont pour but de rendre indisponibles les biens du débiteur, en vue d'une réalisation (ou vente) prochaine, pour désintéresser le créancier au moment venu. Ces mesures visent à mettre les biens du débiteur sous la main de la justice, pour prémunir le créancier contre l'insolvabilité de celui-ci. Toutes les saisies conservatoires prévues par l'acte uniforme, y compris la saisie-revendication, sont des mesures conservatoires.

**Les secondes,** quant à elles, visent directement à obtenir la vente des biens saisis, ou leur attribution au créancier. On y classe la saisie-vente, la saisie-attribution des créances, la saisie des rémunérations, la saisie-appréhension, la saisie immobilière, etc. Les voies d'exécution à fin d'exécution impliquent ainsi une expropriation du débiteur, étant donné que les biens qui font l'objet de ces mesures passent du patrimoine du débiteur vers celui du créancier ou des tiers acquéreurs.

## 1.3. IMPORTANCE DU DROIT DE L'EXÉCUTION FORCÉE

Objet du Code civil livre III, le droit de créance, serait inutile si le créancier n'avait pas l'assurance de se faire payer.

Il arrive des cas où un débiteur s'exécute volontairement et spontanément. Cependant, plus nombreux sont ceux dans lesquels il ne s'exécute pas. Pour ces cas, et en vue de préserver le droit du créancier à l'exécution, le législateur a institué des mécanismes de contrainte que celui-ci peut utiliser à l'encontre de son débiteur défaillant.

L'intérêt de la mise en œuvre du droit à l'exécution forcée va bien au-delà de la protection individuelle du créancier. Elle concerne l'économie toute entière. En effet, ainsi que le relèvent beaucoup d'études[3], le non-paiement de créance constitue un véritable fléau à travers tous les continents. Cette situation est gravement nuisible au développement dans la mesure où, ainsi que le souligne Joseph Djogbenou[4], ce dernier a besoin du crédit et de la mobilité de la créance, étant donné que cette mobilité est source de mobilisation des ressources aussi bien pour l'économie des ménages, des entreprises, que des États. Il est donc admis aujourd'hui que l'avenir des investissements dépend en grande partie des facilités accordées aux bailleurs de fonds dans le recouvrement de ce qui leur est dû[5].

Les créanciers ne peuvent consentir à accorder des crédits, et donc à financer l'économie, que lorsqu'ils sont assurés à l'avance, de pouvoir être payés, au besoin, en recourant à la force. D'où l'utilité de mettre en place des mécanismes de recouvrement susceptibles de les protéger efficacement.

---

[3] Lire à ce propos, SABA (Apollinaire A.), *La protection du créancier dans la procédure simplifiée de recouvrement des créances civiles et commerciales : droit de l'OHADA et pratiques européennes,* 2è[e] édition, Paris, éd. Global finance securities, coll. « Pratiques judiciaires et législatives ».

[4] Djogbenou (J.), *L'exécution forcée droit OHADA*, 2e édition, Cotonou, CREDIJ, 2011, p. 5.

[5] KUATETEMEGHE (S. S.), *La protection du débiteur dans les procédures individuelles d'exécution,* Paris, L'Harmattan, 2004, p . 21.

En considérant le débiteur, les règles organisant l'exécution forcée doivent être conçues de telle sorte que le droit à l'exécution n'apparaisse pas comme un droit de la sanction du débiteur indélicat, comportant dans ce sens, un caractère afflictif et infamant pour ce dernier. La mise en œuvre des procédures d'exécution forcée doit avoir pour but d'assurer au créancier la réalisation de son droit de créance et non, de punir, d'humilier ou moins encore de ruiner le débiteur qui n'a pas payé. Visant à mettre en œuvre le droit de créance en assurant le paiement au créancier non payé, le droit de l'exécution forcée doit, en parallèle avec la protection du créancier, contenir des mesures nécessaires à assurer la protection du débiteur. Cette protection est d'autant justifiée par le fait qu'en général, lorsque, se trouvant dans le besoin, le débiteur qui contracte une dette, se retrouve dans une situation aussi bien économique que psychologique défavorable, situation dans laquelle, en raison des besoins à satisfaire qui justifient son endettement, il ne dispose pas des moyens nécessaires pour faire face aux conditions parfois déséquilibrées que lui impose le créancier. Compte tenu de ce déséquilibre, il est moralement inadmissible que ce créancier, qui peut avoir profité des faiblesses du débiteur pour lui imposer ces conditions, puisse, en recourant aux procédures légales se faire payer, en réduisant à sa guise sa victime débitrice.

C'est compte tenu de la nécessité à protéger le débiteur contre des créanciers malveillants que l'acte uniforme impose des obligations procédurales strictes.

## II. BASE LÉGALE

Les voies d'exécution sont régies par l'Acte uniforme relatif aux procédures simplifiées de recouvrement et voies d'exécution du 10 avril 1998. Les articles 10 du traité OHADA et 336 de cet acte uniforme abrogent toute disposition du droit interne relative aux matières de l'exécution forcée. En droit congolais, cette abrogation concerne essentiellement le titre III du Code de procédure civile.

Une question se pose cependant quant à savoir si l'acte uniforme abroge également les mesures d'exécution forcées spécifiques, telle que l'avis à tiers détenteur, qui sont contenues dans la loi n° 004-2003 du 13 mars 2003 portant réforme des procédures fiscales. L'article 71 de cette loi dispose que, « les dispositions en vigueur quant aux saisies et aux ventes par l'autorité de justice, en matière civile et commerciale, sont applicables aux saisies et aux ventes opérées pour le recouvrement des impositions dues, mais seulement en tant qu'il n'y est pas dérogé par les dispositions de la présente loi ». À appliquer cette disposition, on arriverait à la conclusion que le texte relatif à la procédure fiscale peut déroger à l'acte uniforme. Ainsi, compris, l'avis à tiers détenteur serait une procédure exceptionnelle. Une telle lecture ne saurait être soutenue. En effet, l'acte uniforme ne laisse aucune possibilité à la loi nationale, fusse-t-elle fiscale, de pouvoir instituer des dérogations quant aux mesures d'exécution forcée. L'article 336 de cet acte uniforme est clair, il abroge toutes les dispositions relatives à la matière de l'exécution forcée, sans préciser que cette abrogation ne concernerait pas les mesures d'exécution forcée applicables aux créances fiscales. Comment le ferait-il dès lors que l'article 2 du traité OHADA, qui fait entrer le droit de l'exécution forcée dans l'extension du droit des affaires, ne limite pas celui-ci à l'exécution des créances privées, ce qui exclurait l'exécution forcée des créances publiques, parmi lesquelles il y a des créances fiscales.

PREMIÈRE PARTIE

# RÉGIME GÉNÉRAL DES VOIES D'EXÉCUTION

# CHAPITRE I

# LE RÉGIME GÉNÉRAL DES VOIES D'EXÉCUTION

## SECTION 1. LE DROIT DE SAISIR OU DROIT À L'EXÉCUTION FORCÉE

### §1. LES SOURCES ET CARACTÈRE DU DROIT DE SAISIR

Le droit de saisir est posé par l'article 28 de l'Acte uniforme portant organisation des procédures simplifiées de recouvrement et voies d'exécution qui dispose qu'« à défaut d'exécution volontaire, tout créancier peut, quelle que soit la nature de sa créance, dans les conditions prévues par le présent acte uniforme, contraindre son débiteur défaillant à exécuter ses obligations à son égard ou pratiquer une mesure conservatoire pour assurer la sauvegarde de ses droits ». Ce texte consacre ainsi le droit à l'exécution forcée, qui est la traduction pratique du droit de gage que l'article 245 de la loi portant régime général des biens, régime foncier et régime immobilier pose en ces termes : « tous les biens du débiteur sont le gage commun des créanciers... ». Ainsi, puisque les créanciers ont un droit de gage sur les biens du débiteur, ils peuvent procéder à l'exécution forcée lorsque celui-ci ne s'est pas volontairement acquitté.

Le droit de saisir a un **caractère subsidiaire**. En effet, l'article 28 de l'acte uniforme qui le consacre, ne l'affirme que dans la mesure où le débiteur n'a pas exécuté volontairement. On ne peut donc pas concevoir le recours à l'exécution forcée lorsque le débiteur dispose encore d'un délai d'exécution, ou lorsqu'il procède à une exécution volontaire.

### §2. LA PORTÉE ET L'ÉTENDUE DU DROIT DE SAISIR

Le droit à l'exécution forcée est une consécration du recours à la contrainte contre le débiteur qui ne s'est pas exécuté volontairement[6]. Ce droit n'est pas absolu. On doit tenir compte non seulement de la sauvegarde des intérêts du créancier saisissant, mais également de ceux du débiteur saisi, de manière à éviter tout abus de la part du créancier. C'est pour assurer cet équilibre entre les intérêts du créancier et ceux du débiteur, que le législateur OHADA a procédé à une stricte réglementation du droit de saisir, en imposant des formalités et délais très rigoureux.

---

[6] HOONAKKER (P.), *Procédures civiles d'exécutions : voies d'exécutions, procédures de distribution*, Orléans, Paradigme, 2010, p. 18.

Dans son étendue, l'exécution forcée a pour mesure la créance visée. Ainsi, le débiteur ne peut forcer le créancier à recevoir le paiement partiel d'une dette, même lorsque celle-ci est divisible. Le deuxième alinéa de l'article 39 de l'AUPSRVE permet cependant à la juridiction compétente de reporter ou d'échelonner le paiement des sommes dues par le débiteur. Dans ce cas, il doit être tenu compte d'une part, de la situation du débiteur, et d'autre part, des besoins du créancier. La mesure de grâce ainsi accordée est limitée à une année. Elle ne peut être accordée au débiteur lorsque la créance porte sur les aliments ou lorsqu'il s'agit d'une dette cambiaire.

## §3 LES LIMITES AU DROIT DE SAISIR

Le créancier qui souhaite recourir à l'exécution forcée peut être confronté à trois entraves : l'immunité d'exécution, la procédure des défenses à exécuter ou suspension de l'exécution, ainsi que le droit de grâce reconnu à la juridiction compétente.

### A. L'immunité d'exécution

#### 1. *Le principe*

Les mesures d'exécution forcée, dit l'article 30 de l'Acte uniforme relatif aux procédures simplifiées de recouvrement et voies d'exécution, ne peuvent être appliquées à l'encontre des bénéficiaires de l'immunité d'exécution. Sans être exhaustif, le deuxième alinéa du même article consacre implicitement le principe de l'immunité d'exécution au profit des personnes morales de droit public et des entreprises publiques. En effet, ce texte dispose que « les dettes certaines, liquides et exigibles des personnes morales de droit public ou des entreprises publiques, quelles qu'en soient la forme et la mission, donnent lieu à compensation avec les dettes également certaines, liquides et exigibles dont quiconque sera tenu envers elles, sous réserve de réciprocité ». En disposant ainsi, le législateur OHADA sous-entend que les personnes ainsi énumérées bénéficient de l'immunité d'exécution.

Le bénéfice de l'immunité d'exécution continue de jouer même lorsque la loi nationale dispose autrement. Ainsi, même si la loi nationale dispose qu'une entreprise publique est soumise au régime de droit privé, celle-ci, compte tenu de sa nature « d'entreprise publique », continuera à bénéficier de l'immunité d'exécution. La CCJA est allée dans ce sens dans son arrêt n° 043/2005, 7-7-2005, A Y contre Togo Télécom[7].

#### 2. *La limite à l'immunité d'exécution*

L'alinéa 2 de l'article 30 permet au créancier des bénéficiaires de l'immunité d'exécution (personnes morales de droit public et entreprises publiques),

---

[7] LEFEBVRE (F.), *OHADA : Traité, Actes uniformes et Règlements annotés*, Levallois-Perret, Francis Lefebvre, 2013, p. 660.

de procéder à la compensation avec les dettes liquides et exigibles dont ils sont tenus vis-à-vis de ceux-ci.

L'acte uniforme ne précise pas le moment où doit se réaliser la compensation, de telle sorte que l'on peut s'interroger sur l'automaticité de celle-ci. Il y a lieu de considérer qu'à défaut d'un accord entre les parties, la compensation voulue doit être décidée par le juge. En effet, seul celui-ci a le pouvoir de constater la réciprocité des créances, ainsi que la certitude et l'exigibilité de celle pour laquelle la compensation est demandée.

## B. Les défenses à exécuter

Appelées également suspension de l'exécution, les défenses à exécuter consistent pour un juge à ordonner la suspension de l'exécution forcée d'un titre.

L'article 76 du Code de procédure civile, confère au juge d'appel le pouvoir d'accorder les défenses à exécuter lorsque « l'exécution provisoire a été ordonnée par le jugement dont appel alors qu'elle ne devait pas l'être ». Ainsi, lorsqu'elles sont ordonnées, les défenses à exécuter constituent un obstacle à l'exécution forcée.

Deux situations peuvent donner lieu, dans un jugement, à une clause d'exécution provisoire. La première est celle dans laquelle le juge ordonne l'exécution provisoire en vertu de l'article 21 du Code de procédure civile. Celui-ci dispose en effet que « l'exécution provisoire, sans caution, est ordonnée même d'office, s'il y a titre authentique, promesse reconnue ou condamnation précédente par jugement dont il n'y ait pas appel ». Ainsi, le juge a le pouvoir de conférer à son jugement un caractère exécutoire dès lors que l'une des conditions posées par l'article 21 ci-dessus est réalisée.

La deuxième hypothèse est celle dans laquelle le caractère exécutoire du jugement résulte non pas d'une décision du juge, mais plutôt d'un texte. Telle dans l'hypothèse prévue par l'article 49 alinéa 3 de l'AUPSRVE à propos des décisions rendues dans le cadre des contestations liées à l'exécution forcée, un texte peut prévoir que les jugements rendus dans une matière donnée sont par nature exécutoires.

En considérant ces deux hypothèses, il y a lieu de considérer que les défenses à exécuter telles que prévues par l'article 76 ci-dessus indiqué, ne se conçoivent que dans le cas où le caractère exécutoire du jugement résulte de la volonté du juge qui a fait application de l'article 21 du Code de procédure civile.

Ainsi, le juge d'appel ne peut se fonder sur l'article 76 de ce Code pour accorder des défenses à exécuter lorsque le caractère exécutoire du jugement rendu au premier degré découle d'un texte. Tel est le cas des jugements prononcés en matière d'exécution forcée par le président de la juridiction. Ces jugements sont, par nature, exécutoires. A leur égard, aux termes du troisième alinéa de l'article 49 de l'AUPSRVE, l'appel et le délai d'appel ne sont pas, sauf décision contraire motivée, suspensifs de l'exécution[8]. Le caractère exécutoire de ces

---

[8] Article 49 AUPSRVE : « La juridiction compétente pour statuer sur tout litige ou toute demande relative à une mesure d'exécution forcée ou à une saisie conservatoire est le pré-

jugements ne découle pas de la volonté du tribunal appliquant l'article 21 du Code de procédure civile, mais plutôt de la volonté du législateur OHADA. Si le juge d'appel peut, aux termes de l'article 76 du Code de procédure civile, vérifier la réalisation des conditions de l'article 21 ci-dessus mentionnées, il n'a aucun pouvoir pour enlever le caractère exécutoire voulu par le texte[9]. Un jugement rendu dans le cadre de l'article 49 de l'AUPSRVE ne peut ne pas être exécutoire, que lorsque le caractère exécutoire a été écarté en son sein par une décision motivée de la juridiction présidentielle qui l'a rendue.

Il y a toutefois lieu de préciser que la question des défenses à exécuter a évolué au regard de la jurisprudence de la CCJA. Interprétant l'article 32 de l'AUPSRVE, celle-ci a dans un premier temps considéré qu'il y avait une interdiction de toute mesure de suspension de l'exécution. Dans un second temps, à partir l'arrêt époux Karnib, rendu le 11 octobre 2001, la position de la CCJA a évolué. La cour de l'OHADA estime désormais que l'article 32 ne s'applique que lorsque l'exécution n'est pas encore engagée. Ainsi, le juge ne peut pas ordonner les défenses à exécuter lorsque l'exécution provisoire est déjà engagée[10]. En termes clairs, les défenses à exécuter ne peuvent survenir après le premier acte d'exécution.

Cette position de la haute cour de l'OHADA a été reprise dans plusieurs autres décisions se rapportant aussi bien aux cas où l'exécution n'a été qu'entamée, et à ceux où elle a été totalement clôturée[11].

## C. Le délai de grâce

Aux termes du deuxième alinéa de l'article 39 de l'AUPSRVE, la juridiction compétente peut, sauf lorsqu'il s'agit des dettes d'aliments ou des dettes cambiaires, soit reporter, soit échelonner le paiement de ce qui est dû par le débiteur. Elle peut également décider que les paiements s'imputent d'abord sur le principal.

---

sident de la juridiction statuant en matière d'urgence ou le magistrat délégué par lui. Sa décision est susceptible d'appel dans un délai de quinze jours à compter de son prononcé. Le délai d'appel comme l'exercice de cette voie de recours n'ont pas un caractère suspensif, sauf décision contraire spécialement motivée du président de la juridiction compétente ».

9 Une décision malheureuse de la cour d'appel de Kinshasa / Matete a, sous RCA 9334, accordé des défenses à exécuter en invoquant l'article 21 du Code de procédure civile, alors que le jugement exécutoire concerné tirait son caractère exécutoire de l'article 49 de l'Acte uniforme relatif aux procédures simplifiées de recouvrement et voies d'exécution. Cette position de la cour d'appel ne peut avoir comme explication à ce jour, que la non maîtrise du droit OHADA par cette dernière, en raison de la nouveauté de la matière.

10 CCJA, Arrêt n° 002/2001 du 11 octobre 2001, Aff. : Epoux Karnib c/ Société Générale des Banques en Côte d'Ivoire, in Félix ONANAETOUNDI, *grande tendances jurisprudentielles de la cour commune de justice et d'arbitrage en matière d'interprétation et d'application du droit OHADA (1997-2010), PORTONOVO,* ERSUMA, coll. « Pratique et contentieux de Droit des Affaires », octobre 2011, p. 299.

11 Voir CCJA, arrêts n° 004/2009 du 5 février 2009, 017/2012 du 15 mars 2012.

La juridiction compétente a donc la possibilité de mettre en échec l'exécution forcée en accordant au débiteur soit un délai de grâce, ou un échelonnement du paiement. Dans la prise de cette décision, cette juridiction doit rechercher à trouver un équilibre entre la situation du débiteur et les besoins du créancier. Dans son arrêt n° 025/2004 du 15 juillet 2004, la CCJA a jugé que dans l'examen d'une demande d'une mesure de grâce, le juge dispose d'un pouvoir souverain d'appréciation[12].

Protégeant le créancier contre l'usage abusif des mesures de grâce, le législateur OHADA a fixé celles-ci dans une limite temporelle. En effet, elles ne peuvent être accordées pour une période de plus d'une année.

## SECTION 2. LES CONDITIONS DE L'EXÉCUTION FORCÉE

### §1. LES CONDITIONS RELATIVES AUX SUJETS DE LA SAISIE

#### A. Les conditions quant au créancier saisissant

L'article 28 de l'acte uniforme ne pose aucune condition pour l'exercice du droit à l'exécution forcée. Il ne fait aucune distinction fondée ni sur la nature, ni sur le quantum de la créance objet de la mesure d'exécution. Tout créancier, quelle que soit sa créance, peut saisir. La seule condition applicable au créancier qui souhaite pratiquer une saisie, est **d'avoir la capacité juridique.** Cette question relève du droit interne relatif aux divers régimes d'incapacité.

#### B. Les conditions quant au débiteur

En posant le principe du droit à l'exécution forcée, l'article 28 de l'AUPSRVE ne spécifie pas de débiteur visé. Ainsi, tout débiteur, quelles que soient la nature et la hauteur de sa dette, peut subir l'exécution forcée. Toutefois, comme dit ci-dessus, les mesures d'exécution forcée ne peuvent être appliquées à l'encontre des bénéficiaires de l'immunité d'exécution.

### §2. LES CONDITIONS RELATIVES À LA CRÉANCE

#### A. Les conditions de fond

La créance susceptible de l'exécution forcée doit être certaine, liquide et exigible. L'article 31 de l'AUPSRVE dispose que ces conditions ne s'appliquent pas à l'appréhension ou à la revendication des biens meubles.

##### 1. *La certitude de la créance*

Une créance est dite certaine lorsqu'elle a une existence actuelle et incontestable. Les créances conditionnelles et éventuelles n'étant pas certaines, ne

---

12 POUGOUE (P. G.), KUATE TEMEGHE (S. S.), *Les grandes décisions de la cour commune de justice et d'arbitrage de l'OHADA*, Paris, L'Harmattan, p. 574 .

peuvent donc pas donner lieu à l'exécution forcée. La certitude de la créance peut résulter du fait que celle-ci est clairement reconnue par le débiteur, ou qu'elle est sans équivoque indiquée dans le contrat. La Cour commune de justice et d'arbitrage a, en matière de loyer, fait application du caractère certain de la créance. Elle a en effet, jugé qu'une créance de loyer résultant d'un contrat de bail implicitement prorogé de commun accord par les parties contractantes remplit les conditions de certitude, de liquidité et d'exigibilité prévues par l'article 1er, lorsque les loyers sont échus et le montant chiffré outre les intérêts de droit et frais[13].

S'agissant des créances constatées par les extraits d'un compte courant, la même cour a estimé qu'on ne peut recourir à l'injonction de payer que lorsque le compte a été arrêté. Cela s'explique par le fait que dans un compte courant, les parties sont l'une et l'autre, alternativement, tantôt débitrice, tantôt créancière. Dans ce cas, la certitude de la créance ne saurait être établie si le compte concerné n'a pas encore été arrêté[14]. Car, c'est seulement lorsque le compte courant est arrêté, que les parties peuvent procéder à une réconciliation de tous les mouvements opérés afin de dégager le solde et de déterminer la partie qui en sera bénéficiaire.

### 2. *La liquidité de la créance*

Une créance est liquide lorsque son montant est déterminé ou déterminable. Le créancier qui pratique une saisie doit indiquer le montant de la créance dont il poursuit l'exécution, ou tout au moins, fournir des éléments qui peuvent permettre de pouvoir le calculer. La question de la liquidité peut être posée dans plusieurs hypothèses, notamment en cas de paiement partiel ou lorsqu'il s'agit d'un solde d'un compte courant. Dans le premier cas, la créance est déterminée sur le solde. Il faut pour ce faire, que l'on puisse, des éléments produits par le créancier, déterminer avec exactitude ce qui a été payé, et déduire ainsi ce qui reste dû par le débiteur. Dans l'hypothèse du compte courant, comme indiqué ci-dessus, la Cour commune de justice et d'arbitrage a estimé qu'aussi longtemps que le compte n'est pas clôturé, la créance ne saurait être liquide. Toutefois, la même cour a estimé que le fait pour le juge d'ordonner une expertise à l'effet de déterminer le solde réel du compte courant liant les parties ne saurait s'interpréter comme une preuve du caractère non liquide de la créance, dès lors que le débiteur a lui-même reconnu devoir une certaine somme inférieure à celle réclamée, ce qui a rendu nécessaire ladite expertise pour éclairer

[13] CCJA, 1re ch., arrêt n° 063/2008 du 30 décembre 2008, Rec CCJA, n° 12, juillet-décembre 2008, p145, cité par ISSA-SAYEGH (J.), POUGOUE (P. G.), SAWADOGO ( F.) et al., *OHADA, Traité et actes uniformes commentés et annotés,* 4e édition, Juriscope, 2012, p. 987.

[14] CCJA, arrêt n° 22/2009 du 16 avril 2009, Rec CCJA, n° 13 janvier-juin 2009, cité par ISSA-SAYEGH (J.), POUGOUE (P. G.), SAWADOGO (F.) et al., *idem,* p. 987.

le tribunal sur cette créance qui était déjà liquide au moins pour le montant déjà reconnu[15].

### 3. *L'exigibilité de la créance*

L'on ne peut recourir aux mesures d'exécution forcée lorsque le débiteur dispose encore d'un délai pour exécuter (qui doit à terme, ne doit rien). Une créance est exigible lorsque le créancier peut en réclamer immédiatement paiement, soit parce que le débiteur n'a aucun délai d'exécution, soit parce que le délai qui lui a été accordé est déjà échu. L'exigibilité est donc la situation d'une créance pour laquelle le paiement peut immédiatement être exigé. Lorsqu'une créance est exigible, le débiteur ne dispose d'aucun terme ou délai pour payer. Dans ce sens, la CCJA estime que la créance litigieuse est exigible dès lors que le débiteur ne se prévaut ni d'un terme conventionnel, ni d'un moratoire, la convention ayant prévu qu'en cas de retard de paiement la totalité des comptes devient immédiatement exigible[16].

## B. Les conditions de forme :

### 1. *Le titre exécutoire*

L'exécution forcée ne peut être poursuivie que lorsque le créancier est muni d'un titre exécutoire. Toutefois, les saisies conservatoires peuvent être pratiquées avant l'obtention de tout titre exécutoire. L'article 33 de l'AUPSRVE énumère, de façon exhaustive, les différents titres exécutoires. Il s'agit : des décisions de justice revêtues de la formule exécutoire, des décisions judiciaires exécutoires sur minute, des jugements étrangers et sentences arbitrales exequaturés, des procès-verbaux de conciliation signés par les parties et les juges, des actes notariés revêtus de la formule exécutoire, des décisions auxquelles la loi nationale attache les effets d'une décision judiciaire. Faisant application de cette disposition, la CCJA a estimé que la grosse en forme exécutoire d'une convention de compte courant liant une banque à son client est un titre exécutoire au sens de l'article 33 de l'AUPSRVE[17].

### 2. *Le commandement préalable*

De façon classique, toute saisie doit être précédée par un commandement. Celui-ci est fait par l'huissier ; il est une véritable mise en demeure.[18]Lorsque le titre à exécuter est un jugement, le commandement est généralement fait avec la signification de ce dernier. L'exploit d'huissier comportant à la fois la signification du jugement et le commandement de payer est appelé « signification avec commandement » ou signification-commandement ». L'acte uniforme ne

---

[15] CCJA, arrêt n° 079/2012 du 29 novembre 2012, Cour commune de justice et d'arbitrage, Recueil trimestriel de jurisprudence, n° 19, juillet-décembre 2012, p. 29.

[16] LEFEBVRE (F.), *op. cit.*, p. 529.

[17] CCJA, arrêt n° 13 du 18 mars 2004, cite par LEFEBVRE (F.), *op. cit*, p. 666.

[18] *MATADI NENGA GAMANDA, op. cit.*, p. 559.

fait allusion au commandement préalable que dans les cas de saisie-vente, saisie-appréhension, saisie des droits des associés et valeurs mobilières, ainsi que celui de la saisie immobilière.

Le commandement n'est pas un acte de saisie. Il est plutôt une mise en demeure faite au débiteur, invitant celui-ci à exécuter dans le délai qui lui est imparti. Il n'est donc pas un acte d'exécution forcée, celle-ci ne commençant qu'avec l'acte de saisie.

### §3. LES CONDITIONS RELATIVES AU BIEN À SAISIR

#### A. Principe : saisissabilité de tous les biens

L'article 50 de l'acte uniforme dispose que « les saisies peuvent porter sur tous les biens appartenant au débiteur alors même qu'ils seraient détenus par des tiers, sauf s'ils ont été déclarés insaisissables par la loi nationale de chaque État partie. Elles peuvent également porter sur les créances conditionnelles, à terme ou à exécution successive. Les modalités propres à ces obligations s'imposent au créancier saisissant ». Ainsi, tous les biens du débiteur sont saisissables par principe.

#### B. Limitation au principe de la saisissabilité

*In fine*, le premier alinéa de l'article 50, ci-dessus repris, laisse entrevoir la possibilité pour le législateur national de déclarer certains biens insaisissables. Cette possibilité est d'ailleurs renforcée par les articles 51 et 52 du même texte qui disposent respectivement que « les biens et droits insaisissables sont définis par chacun des États parties » et que « les créances insaisissables dont le montant est versé sur un compte demeurent insaisissables ». C'est ainsi, par exemple, que l'article 114 du Code du travail fixe la quotité saisissable de la rémunération en disposant que la saisie ne peut excéder un cinquième de la portion de la rémunération n'excédant pas cinq fois le salaire minimum garanti de la catégorie du travailleur et un tiers sur la portion de la rémunération supérieure.

## SECTION 3. LES INTERVENANTS DANS LA PROCÉDURE D'EXÉCUTION

### §1. LES AUTORITÉS COMPÉTENTES EN MATIÈRE D'EXÉCUTION FORCÉE

Le droit à l'exécution forcée s'inscrit dans une réglementation stricte, constituant le droit de l'exécution. Dans ce cadre, seules des personnes auxquelles ce droit attribue expressément la compétence peuvent intervenir dans la procédure. Il s'agit des huissiers ou agents d'exécution, ainsi que des autorités administratives.

## A. Les huissiers ou agents d'exécution

Le créancier qui désire procéder à l'exécution forcée fait appel à un officier ministériel, l'huissier. L'intervention de ce dernier ne peut se faire que dans les limites des heures et jours légaux fixées par l'article 46 de l'AUPSRVE. Relativement aux jours, sauf cas de nécessité et autorisation du président du tribunal dans le ressort duquel elle est poursuivie, l'exécution ne peut être effectuée un dimanche ou un jour férié. Quant aux heures, sauf cas de nécessité et autorisation de la juridiction compétente, l'exécution ne peut être effectuée avant huit heures, le matin, et après dix-huit heures, le soir. Dans tous les cas, elle ne peut être menée après dix-huit heures, lorsqu'elle se déroule dans un lieu servant d'habitation. L'huissier a, au cas où les lieux où doit se dérouler l'exécution sont fermés, le pouvoir de procéder à l'ouverture des portes et des meubles. Si l'occupant des lieux est absent ou lui refuse l'accès, l'huissier peut établir un gardien aux portes pour empêcher le divertissement des biens. Il requiert à cet effet l'assistance de l'autorité administrative compétente ou d'une autorité de police. Dans les mêmes conditions, il peut être procédé à l'ouverture des meubles. L'huissier qui a exécuté dans ces conditions assure la fermeture de la porte ou de l'issue par laquelle il a pénétré dans les lieux. L'article 45 lui permet de photographier les objets saisis. Dans ce cas, il conserve les photographies en vue de la vérification des biens saisis. Celles-ci ne peuvent être communiquées qu'à l'occasion d'une contestation portée devant la juridiction compétente.

L'huissier peut se faire assister d'un ou deux témoins majeurs, non parents, ni alliés en ligne directe des parties. Ceux-ci ne doivent pas être au service de ces dernières. Dans le cas où il recourt aux témoins, l'huissier énonce sur le procès verbal, leurs noms, prénoms, professions et domiciles. Les témoins signent l'original et les copies du procès-verbal.

Sauf cas de nécessité constatée par la juridiction compétente, le créancier saisissant ne peut assister aux opérations de saisie.

L'acte uniforme donne pouvoir à l'huissier ou à l'agent d'exécution qui rencontre une difficulté dans l'exécution d'un titre exécutoire, de prendre l'initiative de saisir la juridiction compétente pour la régler. À cet effet, l'huissier, aux frais du débiteur, délaisse une assignation à comparaître aux parties en les informant des jour, heure et lieu de l'audience au cours de laquelle la difficulté sera examinée. Il doit donner connaissance aux parties du fait qu'une décision pourra être rendue en leur absence.

## B. Les autorités administratives

L'exécution forcée nécessite parfois le recours à la force publique. Cette force étant sous l'autorité de l'administration, celle-ci est tenue, en cas de résistance du débiteur, et lorsque l'huissier lui en fait la demande, d'y apporter l'assistance nécessaire. L'autorité administrative à qui la demande d'assistance est faite, ne peut refuser d'accorder ce concours. Ceci découle de l'article 29 de l'AUPSRVE qui impose à l'État, sous peine d'engager sa responsabilité, l'obligation d'apporter son concours lorsque l'huissier le requiert. L'apposition de la formule exécutoire sur le titre à exécuter vaut réquisition de la force publique. Par conséquent, il n'est pas nécessaire de faire intervenir le parquet pour obtenir une réquisition de la force publique en vue de l'exécution forcée.

En considérant l'exigence faite à l'État d'apporter son concours à l'exécution forcée légalement menée, on ne peut que déplorer les entraves à l'exécution, œuvres de certaines structures de l'État, telle le ministre de la Justice, ou, le plus souvent, l'Inspectorat des Services judiciaires. En effet, il est plusieurs fois arrivé que par des lettres, le ministre de la Justice et, le plus souvent, les magistrats affectés à l'Inspectorat des services judiciaires entravent l'exécution forcée. Cette pratique est non seulement une violation de la constitution, mais également une violation du droit à l'exécution forcée dont le résultat est le discrédit de notre justice.

L'article 38 de l'AUPSRVE dispose quant à lui, que « les tiers ne peuvent faire obstacle aux procédures en vue de l'exécution ou de la conservation des créances. Ils doivent y apporter leur concours lorsqu'ils en sont légalement requis. Tout manquement par eux à ces obligations peut entraîner leur condamnation à verser des dommages-intérêts. Le tiers entre les mains duquel est pratiquée une saisie peut également, et sous les mêmes conditions, être condamné au paiement des causes de la saisie, sauf son recours contre le débiteur ».

# CHAPITRE II

# LE CONTENTIEUX DE L'EXÉCUTION FORCÉE

## §1. LA NOTION ET CARACTÈRE DU CONTENTIEUX DE L'EXÉCUTION FORCÉE

L'exécution forcée telle qu'organisée par l'Acte uniforme relatif aux procédures simplifiées de recouvrement et voies d'exécution, ne fait intervenir le juge que lorsqu'elle soulève des difficultés. En effet, excepté les cas où cet acte uniforme impose d'obtenir l'autorisation de la juridiction compétente, les mesures d'exécutions forcée ou les saisies conservatoires se déroulent sans aucune intervention du juge. Celui-ci ne peut, en cette matière, statuer que de façon incidentielle, pour régler une difficulté d'exécution, pour trancher une contestation soulevée par le débiteur, par un tiers ou par un autre créancier.

Ainsi, l'on peut dire que l'exécution forcée se caractérise par sa nature déjudiciarisée. Elle peut, s'il n'y a aucune difficulté d'exécution, s'il n'ya aucune contestation soulevée par le débiteur, par un tiers, ou par d'autres créanciers, ne se dérouler qu'avec des actes d'huissier. Il n'y a donc pas de juge de l'exécution, mais plutôt un juge du contentieux de l'exécution. Celui-ci étant entendu comme étant tout litige, ou toute difficulté pouvant survenir à l'occasion, ou à la suite d'une mesure d'exécution forcée ou d'une saisie conservatoire.

## §2. LE JUGE COMPÉTENT POUR CONNAÎTRE DU CONTENTIEUX DE L'EXÉCUTION FORCÉE

### A. Le principe général

L'article 49 de l'AUPSRVE désigne le président du tribunal comme juge compétent pour connaître de toute question relative à l'exécution forcée. Celui-ci doit statuer en urgence. L'acte uniforme ajoute que les décisions prises en matière d'exécution par le président sont susceptibles d'appel dans un délai de quinze jours à compter du prononcé. Ce délai ainsi que l'appel, précise le troisième alinéa de l'article 49, ne sont pas suspensifs de l'exécution.

L'article 120 déroge à l'article 49 quant à la désignation de la juridiction compétente pour trancher, en matière de saisie-vente, le désaccord sur le lieu où doit s'effectuer la vente. En effet, aux termes de cette disposition, ce désaccord est tranché par la juridiction compétente pour statuer en matière d'urgence.

La détermination du tribunal dont le président est compétent en matière d'exécution, relève du droit interne. Il s'agit d'après plusieurs arrêts rendus par la CCJA, de la juridiction compétente, au regard du droit interne, pour connaître de la cause en première instance.[19] Ainsi, dans le cas congolais, on doit se référer à la loi portant organisation, fonctionnement et compétences des juridictions de l'ordre judiciaire. Cette dernière repartit la compétence en fonction d'une part, de la hauteur de la créance, et d'autre part, de la nature civile, commerciale ou sociale du différend. Étant donné que le deuxième alinéa de l'article 6 de cette loi dispose que la compétence des tribunaux du travail et celle des tribunaux de commerce sont régies par les lois qui régissent ces juridictions, il y a donc lieu de se référer à celles-ci pour connaître également la compétence en matière d'exécution pour des litiges commerciaux et des litiges relevant du droit du travail.

En considérant tous ces textes on peut retenir qu'en matière d'exécution, la compétence s'exerce de la manière suivante :

#### 1. *En matière civile*

- Pour l'exécution d'une créance dont le montant ne dépasse pas deux millions cinq cents milles francs, le président du tribunal de paix est compétent ;
- pour l'exécution d'une créance dont le montant dépasse deux millions cinq cents milles francs, la compétence revient au président du tribunal de grande instance.

#### 2. *En matière commerciale*

Le président du tribunal de commerce est compétent quelle que soit la hauteur de la créance.

#### 3. *En matière du travail*

Le président du tribunal du travail est compétent quelle que soit la hauteur de la créance.

### B. Les règles particulières

Ces règles concernent, d'une part, la saisie conservatoire lorsque le créancier n'a pas de titre exécutoire, et d'autre part, la question de l'exécution des jugements.

#### 1. *Le cas particulier de la saisie conservatoire sans titre exécutoire*

C'est l'article 111 de la loi du 11 avril 2013 portant organisation, fonctionnement et compétences des juridictions de l'ordre judiciaire qui règle la question.

---

[19] CCJA, arrêts n° 007/2003 du 24 avril 2003 ; n° 011/2003 du 19 juin 2003 ; et n° 17/2003 du 9 octobre 2003 .

Pour ce texte, quel que soit le montant de la créance ou sa nature civile ou commerciale, le président du tribunal de paix est exclusivement compétent pour autoriser une saisie conservatoire lorsque le créancier n'a pas de titre exécutoire. Le Président du tribunal de grande instance exerce cette compétence là où il n'y a pas de tribunaux de paix. Ainsi, qu'il s'agisse d'une créance commerciale ou civile, lorsque le créancier n'a pas de titre exécutoire, la demande d'autorisation pour pratiquer une saisie conservatoire relève du président du tribunal de paix. On peut regretter que dans la formulation de cet article, le législateur congolais parle encore de saisie-arrêt, alors que cette voie d'exécution n'existe plus en raison de l'adhésion de la RDC à l'OHADA.[20]

### 2. *Le cas particulier de l'exécution forcée des jugements*

#### a. *Principe*

L'article 113 de la loi n° 13/011-B du 11 avril 2013 attribue au tribunal de grande instance la compétence en matière d'exécution des décisions de justice. Il dispose en effet, que « les tribunaux de grande instance connaissent de l'exécution de toutes décisions de justice, à l'exception de celle des jugements des tribunaux de paix, qui relève de la compétence de ces derniers. Ils connaissent de l'exécution des autres actes authentiques ». En combinant ces dispositions au troisième alinéa de l'article 49 de l'AUPSRVE, on peut affirmer que l'exécution de toute décision de justice relève de la compétence du président du tribunal de grande instance.

#### b. *Exceptions*

- L'exécution des jugements rendus par les tribunaux de paix est de la compétence du président du tribunal de paix (Art 113 loi du 11 avril 2013) ;
- l'exécution des jugements rendus par les tribunaux du travail est de la compétence du président du tribunal du travail (Art 21 et 22 de la loi 016/2012du 16 octobre 2002) ;
- par assimilation[21] (discutable au regard du silence du législateur), on peut dire que l'exécution des jugements rendus par les tribunaux de commerce est de la compétence du président du tribunal de commerce.

## §3. LA COMPÉTENCE DU JUGE DU CONTENTIEUX DE L'EXÉCUTION

Le juge du contentieux de l'exécution tel que désigné par l'article 49 de l'AUPSRVE est un juge incidentiel, dont la compétence consiste à trancher les incidents qui peuvent survenir au cours de l'exécution forcée. Ce juge n'a aucun rôle à jouer si, pendant cette exécution, aucune difficulté, aucun incident ne lui

---

[20] Article 111 de la loi du 11 avril 2013 : « quelle que soit la valeur du litige, les Présidents des tribunaux de paix, ou, à défaut, les Présidents des tribunaux de grande instance, là où les tribunaux de paix ne sont pas installés, peuvent autoriser les saisies-arrêts et les saisies conservatoires en matière civile ou commerciale ».

[21] Cette assimilation est renforcée par l'existence effective d'un greffe d'exécution au tribunal de commerce.

est soumis. Il n'a aucune compétence sur le titre dont l'exécution est poursuivie. Il ne peut ni le modifier, ni le compléter. Son rôle, qui relève du contrôle formel de l'exécution, se limite à s'assurer que les parties respectent les règles relatives à cette dernière. Dans ce sens, la CCJA a jugé que le juge de l'exécution est incompétent à modifier un titre exécutoire, en vertu du principe de son intangibilité. Il ne peut non plus délivrer un titre exécutoire complémentaire à celui à exécuter[22].

[22] CCJA, arrêt n° 069/2012 du 17 août 2012, in Cour commune de justice et d'arbitrage, Recueil de jurisprudence semestriel, n° 19, juillet-décembre 2012, p. 5.

DEUXIÈME PARTIE

# LES RÉGIMES SPÉCIFIQUES DES DIFFERENTES VOIES D'EXÉCUTION

# CHAPITRE I

# LES VOIES D'EXÉCUTION MOBILIÈRES

## LES VOIES D'EXÉCUTION MESURES CONSERVATOIRES

Ainsi que définies ci-dessus, les voies d'exécution, mesures conservatoires sont celles qui ont pour but de rendre indisponibles les biens du débiteur (Art 56 de l'AUPSRVE), en vue d'une réalisation ou vente prochaine, qui permettrait de désintéresser le créancier. Ces mesures constituent pour celui-ci des précautions visant à prévenir l'insolvabilité éventuelle du débiteur. L'AUPSRVE pose d'une part, les règles générales applicables à toutes les saisies conservatoires (Art 54 à 63), et d'autres parts, les différentes modalités de saisie conservatoire, dont le critère distinctif est le bien, objet de la saisie.

## SECTION 1. LES RÈGLES GÉNÉRALES APPLICABLES À TOUTES LES SAISIES CONSERVATOIRES[23]

Les règles générales se rapportent tour à tour aux conditions applicables aux saisies conservatoires, à la procédure qui leur est appliquée, à leur portée, ainsi qu'aux contestations nées de leur mise en œuvre.

### §1. LES CONDITIONS GÉNÉRALES D'UNE SAISIE CONSERVATOIRE

L'article 54 de l'AUPSRVE pose deux conditions cumulatives pour pratiquer une saisie conservatoire. Il faut en premier lieu que la créance ait l'apparence d'être fondée dans son principe. En second lieu, la créance doit être menacée dans son recouvrement. La réalisation de ces conditions est souverainement appréciée par le juge[24].

---

[23] Certains désignent ces règles par le terme saisie conservatoire générale (Voir DJOGBENU (J.), *L'exécution forcée droit OHADA*, 2e éd., Cotonou, CREDIJ, 2011, pp. 152 et s).

[24] CCJA, arrêts n° 014/2007 du 29 mars 2007 et 022/2012 du 15 mars 2012, cités par LEFEBVRE (F.), *op. cit.*, p. 696.

### A. L'apparence fondée de la créance

On ne peut pratiquer une saisie conservatoire que lorsque les éléments dont dispose le créancier permettent de considérer que la créance peut être fondée. Cette condition atténue l'exigence de la certitude de la créance. Avec elle, il n'est pas nécessairement exigé d'apporter, au moment de la saisie conservatoire, la preuve que la créance est fondée. Il suffit d'avoir des indices rendant probable l'existence de celle-ci.

### B. La menace contre le recouvrement de la Créance

Le créancier ne peut pratiquer une saisie conservatoire que lorsqu'il y a un risque de ne pas être payé. Il lui incombe d'apporter la preuve de l'existence d'un tel risque. On ne devrait donc pas recourir à la saisie conservatoire chaque fois que le débiteur est dans une situation qui ne permet pas de penser qu'à terme, le recouvrement sera impossible. Tel peut être le cas lorsque le débiteur est une société commerciale stable, ayant une situation de trésorerie confortable, et dont l'activité ne présente aucun signe pouvant faire craindre une fermeture imminente. De toute façon, l'appréciation du risque de non-paiement est une question de fait. Elle relève de l'appréciation du juge. La CCJA a jugé que constitue une interprétation erronée de l'article 54 de l'AUPSRVE, le fait de considérer la spécification de la durée de l'existence de la créance comme circonstance, à elle seule, de nature à menacer le recouvrement de la créance, sans que soit établie une corrélation entre cette durée et le risque d'insolvabilité ou des manœuvres entreprises de mauvaise foi par le débiteur et qui seraient de nature à priver d'efficacité toutes mesures de recouvrement ultérieures[25].

## §2. PROCÉDURE GÉNÉRALE DE LA SAISIE CONSERVATOIRE

### A. La requête et l'autorisation

La procédure de la saisie conservatoire commence par une requête tendant à obtenir l'autorisation de la pratiquer. En application de la combinaison des articles 49 de l'AUPSRVE et 111 de la loi du 11 avril 2013 portant organisation, fonctionnement et compétences des juridictions de l'ordre judiciaire, la requête est adressée au président du tribunal de paix. Celui-ci est désigné comme juridiction compétente à cet effet, quel que soit le montant de la créance ou sa nature civile ou commerciale. La requête peut être adressée au président du tribunal de grande instance là où il n'y a pas de tribunal de paix.

Prévue par l'article 54 de l'AUPSRVE, la requête n'est pas nécessaire lorsque le créancier détient un titre exécutoire, ou si la créance a une origine cambiaire (effets de commerce, chèque), ou encore s'il s'agit des loyers découlant d'un contrat de bail d'immeuble passé par écrit. Dans ces cas, la saisie conservatoire est pratiquée sans aucune autorisation.

---

[25] CCJA, arrêt n° 022/2012 du 15 mars 2012, cité par LEFEBVRE (F.), *op. cit.*, p. 700.

L'autorisation, lorsqu'elle est accordée, doit, sous peine de nullité, préciser le montant à saisir ou le bien sur lequel la saisie doit porter.

### B. La saisie

Le créancier doit, sous peine de caducité, pratiquer la saisie dans les trois mois qui suivent l'autorisation. Sous la même sanction, il doit, dans le mois qui suit la saisie, lorsqu'il n'a pas de titre exécutoire, accomplir les formalités nécessaires pour l'obtention de celui-ci, lequel peut être une injonction de payer, un jugement ou autre. Si la saisie est pratiquée entre les mains d'un tiers, les copies des pièces justificatives de la créance doivent lui être envoyées dans un délai de huit jours à compter du jour de la saisie. Lorsqu'elle est pratiquée entre les mains d'un établissement bancaire, financier ou assimilé, l'article 58 de l'AUPSRVE dispose que l'on doit faire application de l'article 161. Celui-ci impose à l'établissement concerné de faire une déclaration sur la nature des comptes du débiteur et leurs avoirs au jour de la saisie.

L'annulation d'une saisie conservatoire n'a aucun effet sur l'autorisation accordée pour la pratiquer. En effet, la saisie, acte d'huissier, est totalement autonome de l'autorisation accordée par le président du tribunal. Ainsi, le créancier dont la saisie conservatoire est annulée ou levée pour quelque raison que ce soit, peut avec la même autorisation pratiquer une autre saisie, à la condition de ne pas encore avoir épuisé le délai de trois mois fixé pour la caducité de l'autorisation, et que les biens saisis soient ceux pour lesquels l'autorisation avait été accordée.

## §3. LA PORTÉE DE LA SAISIE CONSERVATOIRE : CANTONNEMENT DE DROIT

Lorsqu'une saisie conservatoire porte sur une créance ayant pour objet une somme d'argent, les sommes du débiteur ne sont rendues indisponibles qu'à concurrence du montant concerné par la procédure. Le débiteur continuera ainsi, à disposer de toutes les sommes qui excédent la partie qui est frappée d'indisponibilité. Cette limitation de la portée vise à éviter une paralysie inutile du débiteur, lorsque sa fortune est plus importante que le montant de la créance poursuivie.

## §4. CONTESTATION EN MATIÈRE DE SAISIE CONSERVATOIRE

### A. La mainlevée

Le débiteur peut, lorsque les conditions de la saisie conservatoire ne sont pas réunies, ou lorsque le créancier, après la saisie, n'a pas accompli les formalités requises pour obtenir un titre exécutoire, demander la mainlevée de la saisie auprès du président du tribunal qui a autorisé celle-ci. Si la saisie conservatoire avait été pratiquée sans autorisation, la mainlevée est demandée au président de la juridiction du domicile ou de la résidence du débiteur, matériellement compétente en première instance.

### B. Les autres contestations

Les autres contestations relatives à l'exécution d'une saisie conservatoire sont de la compétence du juge du lieu où les biens sont situés.

## SECTION 2. LES RÈGLES SPÉCIFIQUES DES DIFFÉRENTES SAISIES CONSERVATOIRES

Une saisie conservatoire peut porter aussi bien sur des biens meubles corporels que sur des biens incorporels. À côtés des règles générales, le législateur OHADA a, en fonction se la nature du bien saisi, mis en place des règles particulières applicables à chaque saisie conservatoire. Ces règles se rapportent aux opérations de saisie ainsi qu'à la transformation de celles-ci en saisies à fin d'exécution. Ainsi, on distingue comme modalités de saisie conservatoire : la saisie conservatoire des biens meubles corporels, la saisie foraine, la saisie conservatoire des créances, et la saisie conservatoire des droits des associés. Il faut ajouter à cette liste, la saisie-revendication, bien que l'acte uniforme la place parmi les saisies à fin d'exécution.

## §1. LA SAISIE CONSERVATOIRE DES BIENS MEUBLES CORPORELS

### A. Les opérations de saisie

#### 1. *Saisie pratiquée entre les mains du débiteur*

Lorsqu'elle est pratiquée entre les mains du débiteur, la saisie conservatoire des biens meubles corporels se déroule de la manière ci-après.

##### a. *La rédaction du procès-verbal de saisie*

L'huissier dresse un procès-verbal de saisie après avoir rappelé au débiteur qu'il est tenu d'une part, d'indiquer les biens frappés de saisies antérieures, et d'autre part, de communiquer les procès-verbaux qui s'y rapportent. Le procès-verbal de saisie contient des mentions obligatoires qui sont prescrites à peine de nullité. Il s'agit de :

- l'autorisation du tribunal ou mention du titre exécutoire ;
- l'identité, les domiciles du saisi et du saisissant ;
- l'élection de domicile du créancier, s'il ne réside pas dans le ressort territoriale de la juridiction où s'effectue la saisie ;
- la désignation détaillée du bien saisi ;
- la déclaration du débiteur, s'il est présent, relative aux saisies antérieures éventuelles sur les biens saisis ;

- la mention en caractère très apparents que les biens saisis sont indisponibles, placés sous la garde du débiteur ou d'un tiers, qu'ils ne peuvent être ni aliénés, si ce n'est dans le cadre de l'art 97 de l'AUPSRVE, ni déplacés, sous peine de sanction pénale, et que le débiteur est tenu de faire connaître la saisie à tout autre créancier saisissant les mêmes biens ;
- l'indication en caractère très apparent que le débiteur dispose du droit de demander la mainlevée à la juridiction compétente du lieu de son domicile ;
- la désignation de la juridiction compétente pour connaître des contestations éventuelles ;
- l'identité des personnes ayant assisté aux opérations de saisie[26] ;
- la reproduction des dispositions pénales relatives au détournement des biens saisis[27], ainsi que celles des articles 62 et 63 de l'AUPSRVE.

Une copie certifiée de l'autorisation de la saisie ou du titre exécutoire est annexée au procès-verbal de saisie.

#### b. *La signification du procès-verbal de saisie*

Une copie du procès-verbal est remise au débiteur après lecture des points 6 et 7 de l'article 64 de l'AUPSRVE. Le procès-verbal fait mention du respect de cette formalité. Lorsque le débiteur n'a pas assisté à la saisie, une copie du procès-verbal lui est signifiée. L'acte de signification accorde au débiteur un délai de huit jours au cours duquel il r fera connaître à l'huissier toute information relative à une saisie antérieure qui frapperait le bien concerné, et en communiquera éventuellement le procès-verbal.

### 2. *Saisie pratiquée entre les mains d'un tiers*

#### a. *La déclaration du tiers*

Aux termes des articles 107 à 110 de l'AUPSRVE, le tiers qui détient le bien objet de la saisie, est tenu, à la demande de l'huissier, de faire une déclaration d'une part, sur tous les biens qu'il détient pour le débiteur, et d'autre part, sur ceux qui font l'objet d'une saisie antérieure. Le tiers qui refuse de faire la déclaration, ou qui en fait une qui est mensongère, peut être condamné à payer la créance poursuivie, ainsi qu'éventuellement des dommages-intérêts.

Lorsque le tiers déclare ne rien détenir pour le compte du débiteur, il lui est donné acte de sa déclaration. Dans le cas où il déclare détenir des biens du débiteur, il est dressé un inventaire qui contient à peine de nullité les mentions reprises ci-dessus pour l'établissement du procès-verbal de saisie lorsque celle-ci est pratiquée entre les mains du débiteur.

---

26 Ces personnes doivent signer le procès-verbal. En cas de refus, mention en est faite.

27 Il s'agit, en droit congolais, de l'article 111 du Code pénal livre II.

#### b. *Le procès-verbal de saisie*

Après la déclaration du tiers, et l'inventaire des biens du débiteur, l'huissier dresse un procès-verbal de saisie. Celui-ci sera signifié au débiteur dans un délai de huit jours à compter de son établissement. Il y est annexé une copie de l'autorisation de saisir, ou du titre exécutoire en vertu duquel la saisie est pratiquée. Le procès-verbal mentionne le droit reconnu au débiteur lui permettant de solliciter la mainlevée, s'il estime que les conditions de la saisie n'ont pas été respectées. Il reprend aussi les dispositions des articles 62 et 63 de l'AUPSRVE. Lorsque la saisie conservatoire des biens meubles corporels pratiquée entre les mains du tiers est faite sans un titre authentique, l'autorisation de saisir doit être demandée à la juridiction du lieu où est situé le bien visé (Article 105 AUPSRVE auquel renvoie l'article 57).

## B. La conversion de la saisie conservatoire des meubles corporels en saisie-vente

Dès qu'il a un titre exécutoire, le créancier qui a pratiqué une saisie conservatoire peut demander la conversion de cette dernière en saisie-vente. L'acte de conversion est dressé par l'huissier, sans aucune intervention du juge.

### 1. *Les mentions obligatoires de l'acte de conversion*

À peine de nullité, l'acte de conversion d'une saisie conservatoire des biens meubles corporels en saisie-vente doit contenir les mentions ci-après :
- l'identité et les résidences (ou sièges) des parties ;
- la référence au procès-verbal de saisie conservatoire ;
- le décompte des sommes à payer (principal, frais, intérêt échus dont le taux doit être indiqué) ;
- le Commandement de payer dans un délai de huit jours, faute de quoi il sera procédé à la vente des biens saisis.

### 2. *La signification et dénonciation de l'acte de conversion*

L'acte de conversion est signifié au débiteur par l'huissier en même temps qu'une copie du titre exécutoire, sauf lorsque ce titre a été signifié avec le procès-verbal de saisie conservatoire. Si la saisie a été pratiquée entre les mains d'un tiers, une copie de l'acte de conversion lui est dénoncée.

La signification de l'acte de conversion a pour effet de faire passer la saisie pratiquée du statut d'une mesure conservatoire à celui d'une mesure d'exécution. C'est dans ce sens que la CCJA a arrêté qu'il résulte de l'article 69 de l'AUPSRVE que la transformation de la procédure conservatoire en procédure d'exécution nécessite la signification par le créancier au débiteur d'un acte de conversion de la saisie en saisie-vente[28].

---

[28] CCJA, arrêt 005 du 27 janvier 2007 cité par LEFEBVRE (F.), *op. cit.*, p. 696.

### 3. *La vérification des biens et la vente*

À l'expiration du délai de huit jours à partir de l'acte de conversion, dit l'article 70 de l'AUPSRVE, l'huissier procède à la vérification et dresse un procès-verbal constatant la perte ou la dégradation des biens[29]. Ce procès-verbal indique au débiteur qu'il a un délai d'un mois pour procéder à une vente amiable, et qu'à défaut, il sera procédé à la vente forcée comme dans le cadre d'une saisie-vente. Lorsque le bien saisi ne se trouve plus au lieu où il a été saisi, l'huissier fait au débiteur l'injonction d'indiquer le lieu où il se trouve. Si ce bien a fait l'objet d'une saisie-vente, le débiteur doit indiquer l'huissier qui a procédé à la vente et le créancier pour lequel cette vente a été faite.

## C. La pluralité de saisies

### 1. *L'admissibilité de la pluralité et obligation d'information*

Un bien meuble corporel peut faire l'objet de plusieurs saisies conservatoires. Il est aussi admis un concours entre la saisie conservatoire et la saisie-vente. Ainsi, en droit OHADA, le principe selon lequel saisie sur saisie ne vaut ne s'applique pas. Lorsque l'on pratique une saisie conservatoire sur un bien meuble corporel ayant déjà fait l'objet des saisies précédentes, l'huissier signifie l'acte de saisie à tous les créanciers qui ont précédemment pratiqué des saisies conservatoires. Si, dans le cadre de la pluralité de saisies, une saisie conservatoire est convertie en saisie-vente ou une saisie-vente est pratiquée sur des biens faisant l'objet des saisies conservatoires, l'acte de conversion ou le procès-verbal de saisie-vente, est signifié aux créanciers dont les saisies conservatoires sont antérieures. Le créancier qui fait enlever des biens saisis pour les faire vendre dans le cadre d'une saisie-vente, ou d'une conversion de la saisie conservatoire en saisie-vente, est tenu d'informer par écrit les autres créanciers dont les saisies conservatoires sur le même bien sont antérieures à la saisie-vente ou à la conversion. L'acte qui informe les autres créanciers doit reprendre les dispositions de l'alinéa 2 de l'article 76 de l'AUPSRVE. Il doit aussi indiquer, sous peine de nullité, le nom et l'adresse de l'auxiliaire de justice qui effectuera la vente, à qui les autres créanciers doivent, dans un délai de quinze jours à compter de la réception de cet acte, faire connaître la nature et le montant de leurs créances au jour de l'enlèvement.

### 2. *L'obligation d'informer les autres créanciers sur l'acceptation de la proposition de vente amiable*

Lorsque plusieurs créanciers ont pratiqué des saisies conservatoires sur un même bien meuble corporel, celui d'entre eux qui accepte la proposition de vente à l'amiable formulée par le débiteur est tenu de la communiquer par écrit aux autres créanciers, en reprenant les alinéas 2, 3 et 4 de l'article 75 de l'AUPSRVE. Ceux-ci sont tenus, dans un délai de quinze jours à compter de la réception

[29] Cet inventaire est appelé recollement.

de l'information, de prendre partie sur les propositions faites et faire connaître au créancier qui a fait les propositions, la nature et la hauteur de leurs créances respectives. Le créancier qui ne donne pas de réponse dans le délai imparti, est réputé avoir accepté la proposition de vente amiable. Celui qui n'aura pas indiqué la nature et le montant de sa créance dans le délai de quinze jours, perd son droit à concourir à la distribution du prix. Il ne pourrait être payé que sur le solde qui resterait après la répartition.

## §2. LA SAISIE FORAINE

### A. La notion de saisie foraine

La saisie foraine est prévue par l'article 73 de l'AUPSRVE qui dispose que « lorsque le débiteur n'a pas de domicile fixe ou lorsque son domicile ou son établissement se trouve dans un pays étranger, la juridiction compétente pour autoriser et trancher les litiges relatifs à la saisie de ses biens est celle du domicile du créancier. Le saisissant est gardien des biens, s'ils sont entre ses mains ; sinon il sera établi un gardien.

La procédure applicable est celle prescrite pour les saisies conservatoires ».

Ce texte ne définit pas la saisie foraine. Il se contente d'en indiquer la juridiction compétente (qui déroge au principe de la juridiction naturelle du débiteur), de désigner le gardien des biens qu'elle frappe, et de renvoyer à la procédure des saisies conservatoires. La saisie foraine, qui est en réalité une saisie conservatoire des biens meubles corporels, est une modalité particulière de cette dernière. Elle a pour objet de placer sous la main de la justice les effets d'un débiteur qui est de passage, dont on ne connait pas de domicile ou résidence, ou qui a un domicile ou une résidence connue se trouvant à l'étranger. C'est notamment les cas des personnes qui peuvent être hébergées dans un hôtel.

### B. Les conditions et procédure

On ne recourt à la saisie foraine que lorsque le débiteur n'a pas de domicile fixe, ou lorsqu'il réside à l'étranger. Les conditions générales fixées par les articles 54 et 55 de l'AUPSRVE doivent être observées. La procédure à suivre répond aux règles générales des saisies conservatoires des biens meubles corporels.

## §3. LA SAISIE CONSERVATOIRE DES CRÉANCES

### A. La notion et les conditions

La saisie conservatoire des créances consiste pour le créancier, à saisir entre les mains d'un tiers, débiteur de son débiteur, la créance que ce dernier a sur le premier. L'article 77 de l'AUPSRVE renvoie aux articles 54 et 55, c'est à-dire aux conditions générales applicables à toutes les saisies conservatoires, ainsi qu'à l'autorisation, lorsque le créancier n'a pas de titre exécutoire.

## B. Les opérations de saisies

### 1. *Le Procès-verbal de saisie*

La saisie conservatoire des créances est faite au moyen d'un procès-verbal dressé par l'huissier, lequel comporte :

- l'identité et les adresses des parties ;
- l'élection de domicile du créancier dans le ressort de la juridiction où se déroule la saisie, s'il n'y réside pas ;
- l'indication de l'autorisation du tribunal ou du titre exécutoire ;
- le décompte des sommes pour lesquelles la saisie est pratiquée (principal, intérêts, frais, etc.) ;
- la défense faite au tiers de disposer des sommes réclamées dans les limites de ce qu'il doit au débiteur ;
- la reproduction des dispositions des articles 36 et 156 de l'AUPSRVE.

Toutes ces mentions sont prescrites à peine de nullité. En application de l'article 77 de l'AUPSRVE, la CCJA est d'avis qu'un procès-verbal de saisie ne contenant pas la mention du siège social de la débitrice doit être annulé[30].

### 2. *La déclaration du tiers*

Relativement à ce qu'il détient pour le compte du débiteur, le tiers saisi est tenu de faire à l'huissier la déclaration prévue à l'article 156. Cette déclaration est faite sur le champ ou, au plus tard, dans un délai de cinq jours si la signification n'est pas faite à personne. Le défaut pour le tiers de faire la déclaration, ou le fait pour lui de faire une fausse déclaration, l'expose, conformément à l'article 81, à payer les sommes poursuivies. Il peut aussi, en cas de fausse déclaration, de déclaration mensongère ou de négligence fautive, être condamné aux dommages-intérêts. Dans une de ces hypothèses, le tiers qui a payé dispose d'un recours contre le débiteur.

Les déclarations du tiers saisi peuvent, avant l'acte de conversion, être contestées par le créancier. A défaut, elles sont réputées exactes pour le besoin de la saisie.

### 3. *La dénonciation de la saisie au débiteur*

Le créancier saisissant est tenu, dans un délai de huit jours, et sous peine de caducité, de dénoncer la saisie au débiteur par acte d'huissier ou d'un agent d'exécution.

L'acte de dénonciation contient des mentions prescrites à peine de nullité ci-après :

- une copie de l'autorisation de la juridiction ou du titre constatant la créance ;
- une copie du procès-verbal de saisie ;

---

[30] CCJA, avis n° 1/99/LN du 7 juillet 1999, cité par LEFEBVRE (F.), *op. cit.*, p. 723.

- la mention en caractère très apparent du droit du débiteur, si les conditions de validité de la saisie ne sont pas réunies, de demander la mainlevée à la juridiction du lieu de son domicile ;
- la désignation de la juridiction devant laquelle seront portées les autres contestations, notamment celles relatives à l'exécution de la saisie ;
- la reproduction des dispositions des articles 62 et 63 de l'AUPSRVE.

## C. La conversion de la saisie-conservatoire des créances et saisie-attribution[31]

Sans aucune formalité particulière, le créancier, dès qu'il est muni d'un titre exécutoire, demande à l'huissier de convertir la saisie conservatoire des créances en saisie-attribution.

### 1. *Le contenu de l'acte de conversion*

L'acte de conversion contient les mentions obligatoires ci-après :

- l'identité et les résidences (ou sièges) des parties ;
- la référence au procès-verbal de saisie conservatoire ;
- le décompte des sommes à payer (principal, frais, intérêt échus dont le taux doit être indiqué) ;
- une demande de paiement des sommes précédemment réclamées, à concurrence de celles dont le tiers s'est reconnu ou a été reconnu débiteur ;
- l'information au tiers que la conversion entraîne attribution au créancier de la créance du débiteur qui est saisie.

### 2. *La signification de l'acte de conversion au tiers saisi et au débiteur ainsi que la contestation de la conversion*

L'acte de conversion est signifié au tiers saisi en même temps qu'une copie du titre exécutoire.

À peine de nullité, l'acte de conversion contient :

- les noms, prénoms et domicile (ou siège social) des parties ;
- la référence au procès-verbal de saisie conservatoire ;
- la copie du titre exécutoire sauf si celui-ci a déjà été communiqué lors de la signification du procès-verbal de saisie, auquel cas il est seulement mentionné ;
- le décompte distinct des sommes dues en principal, frais et intérêts échus, ainsi que l'indication du taux d'intérêt ;
- une demande en paiement de ces sommes à concurrence de celles dont le tiers s'est reconnu ou a été déclaré débiteur ;

---

[31] Rien n'interdit à un créancier qui est muni d'un titre exécutoire de recourir à la saisie conservatoire. Celle-ci sera convertie par la suite en saisie-attribution. Un tel créancier a donc le choix entre pratiquer directement une saisie-attribution, ou commencer par une saisie conservatoire et la convertir plus tard en saisie-attribution.

— l'information faite au tiers que dans la limites des ces sommes, cette demande entraîne leur attribution immédiate au profit du créancier.

Une copie de l'acte de conversion est signifiée au débiteur. A compter du jour de la signification. Celui-ci, aux termes de l'article 83 de l'AUPSRVE, dispose, d'un délai de quinze jours pour contester la conversion[32].

Lorsque le débiteur a introduit une action en contestation, le paiement ne peut être effectué que si le créancier produit au tiers saisi la décision qui rejette cette action, ou la preuve du désistement du débiteur quant à son action. Si, au contraire, il n'y a pas de contestation de la conversion dans le délai, le tiers est tenu de payer au créancier sur présentation d'une attestation de non contestation établie par le greffe. Le paiement peut être effectué avant l'expiration du délai de contestation lorsque le débiteur y a renoncé par écrit.

L'on doit considérer qu'il n'y a pas eu de contestation si, après une assignation en contestation, le tribunal se déclare non saisi. En effet, en tant qu'exception de nullité, la non saisine produit des effets rétroactifs, de telle sorte que les parties, après que le tribunal se soit déclaré non saisi, se retrouvent dans la situation qui prévalait avant l'assignation. Dans ce cas, le débiteur, doit faire une nouvelle assignation en contestation. Cela suppose qu'il soit encore dans le délai pour ce faire. Au cas contraire, le créancier doit être admis à solliciter au greffe une attestation de non contestation.

## §4. LA SAISIE CONSERVATOIRE DES DROITS DES ASSOCIÉS ET DES VALEURS MOBILIÈRES

La saisie des droits des associés et des valeurs mobilières porte sur des droits que le débiteur détient dans le capital d'une société commerciale. Elle s'applique sur la participation du débiteur au capital d'une société. Les droits à saisir étant détenus par la cette dernière, cette saisie est donc, comme la saisie conservatoire des créances, une saisie pratiquée sur un tiers.

### A. Les opérations de saisies

#### 1. *Le Procès-verbal de saisie*

L'acte de saisie comporte à peine de nullité les mentions ci-après, prévues par l'article 237 de l'AUPSRVE :

— l'identité et les adresses des parties ;
— l'élection de domicile par le créancier dans le ressort de la juridiction, s'il n'y réside pas ;
— l'indication de l'autorisation de pratiquer la saisie, si le créancier n'est pas muni d'un titre exécutoire, ou l'indication de ce dernier s'il existe ;

[32] L'action en contestation vise les irrégularités de l'acte de conversion, elle n'est pas une action en mainlevée. Cette dernière n'est prévue que lorsqu'une saisie conservatoire n'a pas respecté les conditions de validités fixées par l'article 54 de l'AUPSRVE.

- le décompte des sommes pour lesquelles la saisie est pratiquée (principal, intérêts, frais, etc.) ;
- l'indication que la saisie rend indisponibles les droits pécuniaires attachés à l'intégralité des parts ou valeurs mobilières dont le débiteur est titulaire dans la société ;
- la sommation faite à la société d'une part, de faire connaître dans un délai de huit jours, l'existence d'éventuels nantissements ou saisies qui porteraient sur les mêmes droits, et d'autre part, d'avoir à communiquer au saisissant copie de ses statuts.

#### 2. *La dénonciation de la saisie au débiteur*

Le créancier saisissant doit faire dénoncer la saisie au débiteur dans un délai de huit jours. A peine de nullité, l'acte de dénonciation contient :

- une copie de l'autorisation de saisir, ou du titre exécutoire dont l'exécution est poursuivie ;
- une copie du procès-verbal de saisie ;
- la mention du droit du débiteur de solliciter, si les conditions de la saisie ne sont pas réunies, la mainlevée à la juridiction de sa demeure ;
- la désignation de la juridiction devant laquelle seront portées les autres contestations ;
- l'élection de domicile dans le ressort de la juridiction, si le créancier n'y a pas de résidence ;
- la reproduction des articles 62 et 63 de l'AUPSRVE.

### B. La conversion de la saisie conservatoire des droits des associés et valeurs mobilières en saisie-vente

À partir du moment où il est muni d'un titre exécutoire, le créancier peut demander à l'huissier de convertir la saisie conservatoire en saisie-vente.

#### 1. *L'acte de conversion*

L'acte de conversion contient à peine de nullité :

- l'identité et les résidences (ou sièges) des parties ;
- la référence au procès-verbal de saisie conservatoire ;
- le décompte des sommes à payer (principal, frais, intérêt échus dont le taux doit être indiqué) ;
- le commandement de payer dans un délai de huit jours, faute de quoi il sera procédé à la vente des biens saisis ;
- l'indication que le débiteur dispose d'un délai d'un mois pour procéder à la vente amiable des valeurs saisies dans les conditions des articles 115 à119 de l'AUPSRVE ;
- la reproduction des articles 115 à 119 de l'AUPSRVE.

### 2. *La signification de l'acte de conversion et vente*

Sauf dans le cas où le titre exécutoire constatant la créance a été signifié avec le procès-verbal de saisie conservatoire, une copie de ce titre est signifiée au débiteur en même temps que l'acte de conversion. Celui-ci dispose dès la signification, d'un délai d'un mois pour contester la conversion (article 240 AUPSRVE). Une copie de l'acte de conversion est signifiée au tiers détenteur.

## C. La vente des droits et valeurs mobilières saisis

Lorsque le débiteur n'a pas formé de contestation dans le délai qui lui est imparti, lorsqu'il a été définitivement débouté de son action en contestation, ou s'il a désisté de cette dernière, les droits et valeurs mobilières saisis feront l'objet d'une vente forcée s'il n'y a pas eu une vente amiable faite conformément aux dispositions des articles 115 à 119 de l'AUPSRVE. La vente forcée, se fera par adjudication, sur présentation d'un certificat de non contestation délivré par le greffe, ou du jugement de rejet de la contestation introduite.

### 1. *La préparation de la vente*

#### a. *L'élaboration du cahier des charges*

Comme dans le cas d'une saisie immobilière, la vente des droits et valeurs saisis est précédée par la rédaction d'un cahier des charges[33]. Celui-ci contient les éléments ci-après :

- le rappel de la procédure antérieure :
- les statuts de la société ;
- tout document nécessaire à l'appréciation de la consistance et de la valeur des droits mis en vente.

Les conventions éventuelles des associés qui ne figurent pas dans les statuts et portent soit sur l'agrément ou sur un droit de préférence au profit des associés, ne s'imposent à l'adjudicataire que si elles sont contenues dans le cahier des charges.

#### b. *La signification du cahier des charges et sommation*

Une copie du cahier des charges est notifiée à la société qui en informe les associés. Le même jour, une sommation d'avoir à prendre connaissance du cahier des charges chez l'auxiliaire de justice chargé de la vente est notifiée aux autres créanciers opposants. Le deuxième alinéa de l'article 242 donne droit à tout intéressé de formuler auprès de ce dernier, dans un délai de deux mois, à compter de la notification du cahier des charges à la société, des observations sur celui-ci.[34]

---

[33] L'article 241 n'indiquant pas la personne qui établi le cahier des charges, il n'y a aucune raison de penser qu'il ne s'agit pas de l'avocat du créancier comme c'est le cas en matière de saisie immobilière.

[34] L'article 242 n'indique pas comment ces observations doivent être traitées. Il y a lieu de les considérer comme étant éventuellement des difficultés soulevées au cours de l'exécution,

c. *La publicité en vue de la vente*

La publicité indiquant les jour, heure et lieu de la vente est effectuée par voie de presse et, si nécessaire, par voie d'affiches, un mois au plus, et quinze jours au moins, avant la date fixée pour la vente. Le débiteur, la société et, s'il y a lieu, les autres créanciers opposants sont informés de la date de la vente par voie de notification. S'il y a des procédures légales ou conventionnelles d'agrément, de préemption ou de substitution, celles-ci sont mises en œuvre conformément aux dispositions propres à chacune d'elles.

**2. *L'adjudication***

La vente forcée est faite par adjudication comme dans la procédure de saisie-vente.

## §5. LA SAISIE-REVENDICATION

### A. La notion de saisie-revendication

Prévue par les articles 227 et suivants de l'AUPSRVE, la saisie-revendication est une saisie conservatoire qui permet à toute personne qui est fondée à solliciter la délivrance ou la restitution d'un bien meuble corporel, de rendre celui-ci indisponible en attendant d'obtenir un titre exécutoire.

La différence entre cette saisie et la saisie conservatoire des biens meubles corporels réside dans leurs finalités respectives. Le bien saisi dans le cadre d'une saisie conservatoire des biens meubles corporels est rendu indisponible pour être, plus tard après la conversion, vendu. Le créancier saisissant sera désintéressé sur le prix. A la différence, le bien qui est saisi dans le cadre d'une saisie-revendication est rendu indisponible pour être remis au créancier saisissant dès que celui-ci aura obtenu un titre exécutoire. Ainsi, alors que la saisie conservatoire des meubles corporels est convertie en saisie-vente, la saisie-revendication quant à elle, se transforme en saisie-appréhension.

### B. Les conditions

La saisie-revendication est soumise aux conditions générales des saisies conservatoires. A l'instar de la saisie conservatoire des biens meubles corporels, elle peut être pratiquée entre les mains d'un tiers. Dans cette hypothèse, si le bien à saisir est situé dans un local servant d'habitation au tiers détenteur, une autorisation spéciale de la juridiction est requise. Le non-respect des conditions de mise en œuvre peut donner lieu à la mainlevée de la saisie-revendication, même lorsque le saisissant a un titre exécutoire. La demande à cet effet sera adressée à la juridiction présidentielle du domicile ou de la demeure du débiteur. Les autres contestations relèvent quant à elles, du juge du lieu où sont situés les biens saisis.

---

lesquelles permettent à l'agent de vente de saisir le tribunal compétent désigné par l'article 49 de l'AUPSRVE.

## C. Les opérations de saisie

### 1. *L'acte de saisie*

Comme pour la saisie conservatoire des biens meubles corporels, le procès-verbal de saisie-revendication comporte des mentions que l'article 231 prescrit à peine de nullité à savoir :

- l'identité et les domiciles du saisi et du saisissant ;
- la mention de l'autorisation du tribunal, ou la mention du titre exécutoire ;
- la déclaration du détenteur, s'il est présent, relative à l'existence d'éventuelles saisies antérieures ;
- la désignation détaillée du bien saisi ;
- la mention en caractère très apparents que d'une part, les biens saisis sont indisponibles et placés sous la garde du détenteur qui ne peut, sous peine de sanction pénale, ni les aliéner, ni les déplacer sauf cas prévus l'article 103[35], et que d'autre part, le débiteur est tenu de faire connaître la saisie à tout autre créancier qui a saisi les mêmes biens ;
- la mention en caractère très apparent que le débiteur peut demander la mainlevée de la saisie à la juridiction du domicile du saisi ;
- la désignation de la juridiction compétente pour connaître des contestations ;
- l'identité des personnes ayant assisté aux opérations de saisie, lesquelles doivent signer le procès-verbal (le refus éventuel de signer doit être mentionné) ;
- l'élection de domicile du créancier, s'il ne réside pas dans le ressort territorial de la juridiction où s'effectue la saisie ;
- la reproduction des dispositions pénales relatives au détournement des biens saisis, ainsi que celle des articles 60, 61, 227 et 228 de l'AUPSRVE.

### 2. *La signification de l'acte de saisie*

Dans un délai de huit jours, l'acte de saisie est signifié à la personne qui détient le bien concerné, en lui impartissant un délai de huit jours pour qu'il informe l'huissier de l'existence d'éventuelles saisies antérieures. Lorsque le détenteur assiste à la saisie, l'acte de saisie lui est remis immédiatement. Mention de cette remise doit y être faite. Si le bien est détenu par un tiers, l'acte de saisie est signifié à ce dernier, et un délai de huit jours lui est accordé pour délivrer ou restituer le bien au créancier saisissant.

## D. Les contestations

Le détenteur qui conteste la validité de la saisie-revendication, peut demander à la juridiction de son domicile d'en ordonner la mainlevée. Cette va-

---

[35] Article 103 : « Le débiteur conserve l'usage des biens rendus indisponibles par la saisie à moins qu'il ne s'agisse de biens consomptibles. En ce cas, il sera tenu d'en respecter la contre-valeur estimée au moment de la saisie ».

lidité s'apprécie au regard des conditions générales des saisies conservatoires. Lorsque le détenteur se prévaut d'un droit propre sur le bien, il en informe l'huissier par écrit, ou en fait la déclaration au moment de la saisie. Dans un délai d'un mois, le créancier porte la contestation devant la juridiction du domicile du détenteur, faute de quoi, la saisie ne produit plus aucun effet.

### E. La transformation de la saisie-revendication en saisie-appréhension

Aux termes de l'article 235 de l'AUPSRVE, dès qu'il obtient un titre exécutoire, le créancier qui a recouru à la saisie-revendication pratique directement une saisie-appréhension sur le bien saisi. Il n'y a pas de procédure de conversion comme dans les cas des autres saisies conservatoires.

# LES VOIES D'EXÉCUTION MOBILIÈRES MESURES D'EXÉCUTION

Il s'agit des mesures d'exécution visant la réalisation des biens du débiteur pour désintéresser le créancier, ou l'attribution de ces biens à ce dernier. Le droit OHADA consacre cinq mesures d'exécution mobilières que sont : la saisie-vente, la saisie-attribution des créances, la saisie des rémunérations, la cession des rémunérations, et la saisie-appréhension. Le recours à ces procédures suppose que **le créancier soit muni d'un titre exécutoire.**

## SECTION 1. LA SAISIE-VENTE

### §1. LA NOTION DE SAISIE-VENTE

La saisie-vente consiste pour un créancier, muni d'un titre exécutoire, à faire saisir les meubles corporels de son débiteur, pour les faire vendre et se faire désintéresser sur le prix. Cette saisie peut être pratiquée sur les biens du débiteur se trouvant aussi bien entre ses mains, qu'entre celles d'un tiers. La saisie-vente peut également porter sur des espèces trouvées entre les mains du débiteur. Dans ce cas, ces sommes sont consignées entre les mains de l'huissier ou au greffe, au choix du créancier saisissant. Le procès-verbal portant sur les espèces doit, à peine de nullité, indiquer que le débiteur a un délai de 15 jours pour introduire une contestation. Dans ce cas, le tribunal peut ordonner que les sommes saisies soient consignées. S'il n'ya aucune contestation dans le délai, elles sont versées au créancier et déduites sur sa créance.

## §2. LA PROCÉDURE DE SAISIE-VENTE

La procédure de la saisie-vente se déroule en trois phases : un commandement préalable, les opérations de saisie et la vente des biens saisis.

### A. Le commandement préalable

Avant de saisir, le créancier est tenu de faire adresser au débiteur un commandement de payer.

#### 1. *Le contenu du commandement*

Le commandement précédant la saisie doit, sous peine de nullité, contenir la mention du titre exécutoire, le décompte des sommes réclamées (principal, frais, intérêts et taux d'intérêts), ainsi que le commandement de payer dans un délai de huit jours. Le débiteur est averti que faute d'avoir payer dans le délai imparti, les biens seront vendus. Le commandement contient également, lorsque le créancier n'y réside pas, l'élection de domicile dans le ressort du tribunal où l'exécution est poursuivie.

#### 2. *La signification du commandement*

Dans le cadre d'une saisie-vente, seules les significations à personne ou à domicile du commandement sont admises. L'article 94 interdit de recourir à la signification au domicile élu. La signification du commandement peut être faite au même moment et dans le même acte que celle du titre exécutoire que l'on veut exécuter. L'exploit, ainsi qu'indiqué plus haut, est dans ce cas appelé, « signification-commandement » ou signification avec commandement.

### B. Les opérations de saisie dans la saisi-vente

Les opérations de la saisie-vente se déroulent différemment selon que celle-ci est pratiquée entre les mains du débiteur ou entre celles d'un tiers.

#### 1. *Saisie pratiquée entre les mains du débiteur*

##### a. *Le procès-verbal de saisie*

L'huissier commence par dresser un inventaire des biens du débiteur qui sont concernés par la saisie. Il dresse également un procès-verbal ou acte de saisie comprenant à peine de nullité :

- l'identité et les adresses des parties ;
- l'élection de domicile du créancier dans le ressort de la juridiction où la saisie est poursuivie, s'il n'y réside pas ;
- l'indication de la personne à qui l'exploit a été laissé ;
- la désignation détaillée des biens saisis ;
- la déclaration du débiteur (s'il assiste aux opérations) relative aux éventuelles saisies antérieures ;
- le décompte des sommes pour lesquelles la saisie est pratiquée (principal, intérêts, frais, etc.) ;

- la mentions en caractère très apparents que les biens saisis sont indisponibles et placés sous la garde du débiteur ou d'un tiers ; qu'ils ne peuvent, sous peine de sanction pénale, être aliénés si ce n'est dans le cadre de l'art 97[36] ou déplacés, et que le débiteur est tenu de faire connaître la saisie à tout autre créancier saisissant les mêmes biens ;
- l'indication que le débiteur dispose d'un délai d'un mois pour procéder à la vente amiable dans les conditions de l'article 115 à 119 de l'AUPSRVE ;
- l'indication de l'identité des personnes ayant assisté aux opérations de saisie, ces personnes devant signer le procès-verbal (le refus de signer doit éventuellement être mentionné) ;
- la reproduction des dispositions pénales relatives au détournement des biens saisis, ainsi que des articles 115 et 119 de l'AUPSRVE ;
- la reproduction des articles 143 à 146 de l'AUPSRVE.

Si le débiteur assiste aux opérations de saisie, l'huissier, avant d'établir le procès-verbal, doit réitérer verbalement le commandement de payer. L'huissier est dans ce cas, également tenu d'informer le débiteur qu'il est obligé d'indiquer les biens qui ont déjà fait l'objet d'une saisie antérieure. L'acte de saisie mentionne le respect de cette formalité.

b. *La signification du procès-verbal*

L'huissier remet au débiteur, si celui-ci assiste aux opérations de saisie, une copie du procès-verbal après avoir fait le rappel prévu par l'article 101[37]. Cette remise vaut signification. Lorsque le débiteur n'est pas présent aux opérations de saisie, une copie du procès-verbal de saisie lui est signifiée en lui accordant un délai de huit jours pour faire connaître à l'huissier les biens qui font l'objet des saisies antérieures.

c. *Les effets de la signification du procès-verbal de saisie*

Le procès-verbal de saisie rend indisponible les biens du débiteur qui en font l'objet. Ceux-ci ne peuvent en aucune façon être aliénés. Le débiteur en garde cependant l'usage. Lorsque les biens saisis sont consomptibles, le débiteur est tenu de respecter la contrevaleur évaluée au moment de la saisie.

Le troisième alinéa de l'article 103 de l'AUPSRVE donne la possibilité au juge compétent de désigner un séquestre qui assurera la garde des biens saisis. Si

---

[36] Article 97 « Les biens saisis sont indisponibles. Si une cause légitime rend leur déplacement nécessaire, le gardien est tenu d'en informer préalablement le créancier, sauf en cas d'urgence absolue. En tout état de cause il indiquera au créancier le lieu où les biens seront placés ».

[37] Article 101 : « Si le débiteur est présent aux opérations de saisie, l'huissier ou l'agent d'exécution lui rappelle verbalement le contenu des mentions des 6) et 7) de l'article précédent. Il lui rappelle également la faculté qui lui est ouverte de procéder à la vente amiable des biens saisis dans les conditions prescrites par les articles 115 à 119 ci-après. Il est fait mention de ces déclarations dans le procès-verbal de saisie. Une copie de ce procès-verbal portant les mêmes signatures que l'original est immédiatement remise au débiteur ; cette remise vaut signification ».

parmi ces biens se trouvent des véhicules, la juridiction compétente peut ordonner leur immobilisation pour en préserver l'état. L'article 97 de l'AUPSRVE interdit au gardien des biens saisis (débiteur ou un tiers), sauf cas d'urgence absolue, de les déplacer sans informer préalablement le créancier.

### 2. *Saisie entre les mains d'un tiers*

#### a. *L'autorisation du tribunal*

Lorsque les biens du débiteur sont détenus par un tiers, et qu'ils se trouvent dans des locaux servant d'habitation à ce dernier, la saisie ne peut être pratiquée qu'avec l'autorisation du tribunal du lieu où ces biens sont situés. L'autorisation n'est pas nécessaire lorsque les locaux ne servent pas d'habitation au tiers. L'huissier qui saisit entre les mains d'un tiers, doit présenter à celui-ci, à l'expiration du délai de huit jours à partir de sa date, le commandement préalable qui a été signifié au débiteur, ainsi que le cas échéant, l'autorisation du tribunal. Le troisième alinéa de l'article 106 autorise le créancier à faire pratiquer une saisie sur lui-même pour les biens du débiteur qu'il détient. Il doit, pour ce faire, respecter la procédure prescrite pour saisir entre les mains d'un tiers.

#### b. *La déclaration du tiers et le procès-verbal de saisie*

La procédure suivie pour effectuer une saisie-vente entre les mains d'un tiers est, en ce qui concerne la déclaration de ce dernier et les mentions du procès-verbal de saisie, semblable à celle prévue lorsqu'on pratique une saisie conservatoire des biens meubles corporels entre les mains d'un tiers.

#### c. *La signification de la saisie au tiers et au débiteur*

Lorsque le tiers saisi a assisté aux opérations de saisie, une copie du procès-verbal lui est remise. Cette remise vaut signification. Si par contre, le tiers n'a pas assisté aux opérations de saisies, la copie du procès-verbal lui sera signifiée, en lui impartissant un délai de huit jours pour faire connaître à l'huissier l'existence des saisies antérieures qui frappent éventuellement les biens.

Dans un délai de huit jours à compter de la saisie, une copie du procès-verbal de saisie doit être signifiée au débiteur en lui indiquant, à peine de nullité, qu'il a un délai d'un mois pour procéder à la vente amiable aux conditions des articles 115 à 119 de l'AUPSRVE.

**Remarques** :

Le tiers saisi qui a un droit d'usage sur le bien saisi, peut continuer à l'exercer dans les mêmes conditions que ce qui a été dit précédemment dans le cas où ce droit est exercé par le débiteur. S'il a un droit de rétention[38] sur le bien, il en informe l'huissier par écrit. Le créancier, dans ce cas, dispose d'un délai d'un

---

[38] Prévu par l'acte uniforme relatif aux suretés, le droit de rétention est le droit pour un créancier qui détient légitimement un bien mobilier de son débiteur, de le retenir jusqu'au complet paiement de ce qui lui est dû, indépendamment de toute autre sûreté.

mois pour contester ce droit devant la juridiction du domicile ou de la résidence du tiers. Le bien saisi reste indisponible pendant l'instance.

## C. La vente des biens meubles corporels saisis

Le bien meuble corporel saisi est destiné à être vendu, pour pouvoir payer le créancier sur le produit de la vente. Le législateur OHADA a prévu deux étapes pour réaliser cette vente. D'abord une proposition de vente amiable (Art 115 à 119 AUPSRVE), et, à défaut de celle-ci, la vente forcée (Art 120 à 128 AUPSRVE).

### 1. *La vente amiable*

Dans ses articles 115 à 119, l'acte uniforme donne au débiteur poursuivi la possibilité de procéder à une vente volontaire du bien saisi, de désintéresser le créancier avec le produit qui en résulte. A cet effet, le débiteur dispose d'un délai d'un mois à compter de la notification de la saisie. Il est tenu d'informer par écrit l'huissier, en indiquant la personne qui a fait une proposition d'acquisition du bien, le prix, ainsi que le délai offert pour procéder à la consignation du prix proposé. Dans ce cas, dit l'article 116, le bien saisi reste indisponible et ne peut, sauf urgence absolue, être déplacé avant la consignation du prix.

L'huissier communique par écrit la proposition de vente amiable au créancier saisissant et aux créanciers opposants.[39]Ceux-ci disposent d'un délai de quinze jours pour l'accepter, la refuser, ou se porter acquéreur des biens. A défaut de réponse dans le délai, la proposition est réputée acceptée. Lorsque la proposition de vente amiable est acceptée, le prix est consigné, au choix du créancier entre les mains de l'huissier ou au greffe.

Sauf s'il est démontré que le refus est abusif, le créancier qui refuse la proposition de vente amiable n'engage aucune responsabilité.

La vente amiable ne transfère de propriété à l'acquéreur qu'après paiement du prix. Au cas où celui-ci n'est pas versé dans le délai prévu, il sera procédé à la vente forcée du bien saisi.

### 2. *La vente forcée*

Il est procédé à la vente forcée des biens saisis lorsque la proposition de vente amiable n'a pas été faite dans le délai d'un mois prévu par l'article 116 de l'AUPSRVE, lorsque cette proposition a été rejetée par les créanciers, ou enfin, lorsqu'après l'acceptation de la proposition de vente amiable, le prix n'a pas été payé dans le délai contenu dans la proposition. Cette vente se fait au lieu où se trouvent les biens saisis, dans une salle appropriée pour la concurrence, ou dans un marché public. Les contestations sur le lieu de la vente sont tranchées par la juridiction compétente pour statuer en matière d'urgence. Celle-ci statue dans les cinq jours de sa saisine. Il ya ici lieu de faire observer que l'article 120 qui désigne cette juridiction, déroge au principe posé par l'article 49, selon lequel

---

[39] Les créanciers opposant sont ceux qui font opposition à la saisie, c'est-à-dire se joignent à la saisie déjà entamée par un autre.

c'est le président de la juridiction qui est compétent pour connaître de tout litige relatif à l'exécution forcée.

Avant la vente forcée, l'huissier procède à la vérification de la consistance des biens. Il dresse un procès-verbal de récolement, c'est-à-dire, un inventaire des biens qui avaient été rendus indisponibles par le procès-verbal de saisie. Ce procès-verbal, dit l'article 124, ne mentionne que les objets manquants ou détériorés.

La vente est faite aux enchères, après trois criées. Sa publicité doit être faite au moins quinze jours avant la date de l'adjudication. Cette publicité, dont l'huissier ou l'agent d'exécution doit certifier l'accomplissement des formalités, se fait par l'apposition des affiches dans la mairie du domicile ou de la demeure du débiteur, dans les marchés voisins de ces lieux, ou dans tout autre lieu approprié, ainsi qu'au lieu de la vente. Elle peut également être faite par annonce dans la presse écrite. L'huissier, par écrit, avise le débiteur du jour et de l'heure de la vente, au moins dix jours avant la date de celle-ci.

La procédure de vente est arrêtée lorsque le produit des biens déjà vendus suffit à désintéresser les créanciers (poursuivant et opposants) en principal, intérêts et frais. L'opération de vente est sanctionnée par un procès-verbal contenant la désignation des biens, ainsi que celle de l'adjudicataire. Le prix est payable au comptant, faute de quoi, le bien est revendu à la folle enchère de l'adjudicataire.

## §3. LES INCIDENTS RELATIFS À LA SAISIE-VENTE

Une saisie-vente peut donner lieu à plusieurs types d'incidents. Ceux-ci peuvent être soulevés par d'autres créanciers, par le débiteur ou par des tiers.

### A. Les incidents soulevés par d'autres créanciers

Quatre incidents peuvent être provoqués par les autres créanciers du débiteur. Il s'agit de l'opposition à la saisie, de la saisie complémentaire, de la subrogation au premier saisissant, ainsi que de l'opposition sur le produit de la vente.

#### 1. *L'opposition à la saisie*

Prévue par les articles 130 et 131 de l'AUPSRVE, l'opposition consiste pour tout créancier, muni d'un titre exécutoire, à se joindre à une saisie initiée par un autre créancier. L'acte d'opposition est signifié au débiteur. Seul le premier créancier poursuit la vente.

Pour être valable, l'opposition à la saisie doit être faite avant le récolement. Elle doit indiquer le titre exécutoire du créancier opposant, ainsi que le montant de sa créance. Le créancier saisissant qui entend ajouter une autre créance peut aussi faire une opposition à sa saisie.

Sauf lorsqu'elle découle d'une irrégularité dans le déroulement des opérations de saisie, la nullité de la première saisie n'a aucun effet sur l'opposition qui est faite avant qu'elle ne soit prononcée (Article 137 alinéa 1 AUPSRVE).

#### 2. *La saisie complémentaire*

La saisie complémentaire est une nouvelle saisie pratiquée par un créancier opposant, ou par le créancier premier saisissant, sur d'autres biens du débiteur. Elle est faite avant la fin de la procédure de la première saisie. Cette saisie est signifiée au créancier premier saisissant, aux opposants et au débiteur. Elle est soumise aux règles ordinaires de la saisie-vente. Lorsqu'on pratique une saisie complémentaire, la vente des biens saisis ne peut intervenir qu'à l'issue de tous les délais impartis pour la vente amiable. Toutefois, les biens pour lesquels le délai de vente amiable est expiré, ceux pour lesquels le débiteur a donné son autorisation, ceux pour lesquels le tribunal a donné l'autorisation, ou encore ceux ayant déjà fait l'objet de la publicité pour la vente forcée au moment de l'opposition, peuvent être vendus immédiatement. Comme pour l'opposition à la saisie, le deuxième alinéa de l'article 137 de l'AUPSRVE dispose que la nullité de la première saisie n'affecte pas la saisie complémentaire.

#### 3. *La subrogation*

La subrogation consiste pour un créancier opposant à remplacer le créancier premier saisissant dans les poursuites, lorsque celui-ci néglige, à l'expiration des délais prévus, de faire accomplir les formalités de vente forcée. Elle a pour effet de décharger le créancier premier saisissant. Celui-ci doit mettre les pièces de procédure à la disposition du nouveau poursuivant. Organisée par l'article 135 de l'AUPSRVE, la subrogation se fait de plein droit lorsque le créancier premier saisissant n'a pas donné effet, après écoulement d'un délai de huit jours, à la sommation de poursuivre la procédure faite par l'opposant.

#### 4. *L'opposition sur le produit de vente*

Prévue par l'article 138 de l'AUPSRVE, l'opposition sur le produit de vente est la procédure par laquelle un créancier saisissant ou opposant, muni d'un titre exécutoire, se joint au partage du produit de la vente des biens du débiteur. Pour être admis à la distribution, le créancier saisissant ou opposant doit se manifester avant la vérification (récolement), ou avoir, avant la saisie, pratiqué une mesure conservatoire.

### B. Les incidents soulevés par le débiteur : les contestations

L'acte uniforme classe en deux catégories les contestations susceptibles d'être soulevées par le débiteur. celles relatives aux biens saisis d'une part, et d'autre part, celles qui se rapportent à la validité de la saisie.

#### 1. *Les contestations relatives aux biens saisis*

##### a. *L'action en nullité*

Visant à anéantir la saisie, l'action en nullité est exercée par le débiteur lorsque le bien saisi ne lui appartient pas (Article 140 AUPSRVE). Elle se justifie par le fait qu'ainsi que le prévoient les articles 91 alinéa 1 et 95 de l'AUPSRVE, seul le patrimoine du débiteur répond des dettes de ce dernier. Par conséquent, la saisie d'un bien qui ne relève pas de ce patrimoine doit être annulée. Dans un arrêt rendu le 29 novembre 2012, la CCJA a estimé que la présence des enfants du débiteur sur les lieux de la saisie n'est pas suffisante pour prouver que les biens saisis lui appartiennent comme l'exigent les articles 91 alinéa 1 et 95 de l'AUPSRVE. Dès lors, doit être ordonnée la mainlevée de la saisie-vente effectuée sur des biens n'appartenant pas au débiteur[40].

#### b. *La contestation de la saisissabilité*

Cette procédure vise à contester le caractère saisissable du bien. Elle est mise en œuvre lorsque l'on estime que la saisie a affecté un bien que la loi nationale déclare insaisissable. L'action en contestation de la saisissabilité peut, aux termes de l'article 143 de l'AUPSRVE, être exercée par le débiteur, l'huissier ou l'agent d'exécution. Ces derniers l'introduisent comme étant une difficulté de l'exécution. Lorsque cette action est exercée par le débiteur, le délai pour l'introduire est d'un mois à compter de l'acte de saisie.

### 2. *Les contestations relatives à la validité de la saisie*

Cette contestation consiste à demander la nullité de la saisie pour vice de forme ou de fond autre que l'insaisissabilité. Elle peut être introduite à tout moment avant la vente du bien. La contestation relative à la validité de la saisie n'est pas suspensive de la procédure. Si, à sa suite, la nullité est prononcée avant la vente, le bien est remis au débiteur. Si par contre la nullité est prononcée après la vente, c'est le produit de celle-ci qui sera remis au débiteur, lequel peut réclamer les dommages-intérêts au saisissant.

### 3. *L' incident soulevé par les tiers : l'action en distraction*

Prévue par les articles 141 et 142 de l'AUPSRVE, l'action en distraction consiste pour le tiers à réclamer un bien lui appartenant qui a été saisi entre les mains du débiteur. Cette action n'est pas recevable lorsque le bien saisi a déjà été vendu. Dans une telle hypothèse, le propriétaire ne peut qu'exercer une action en revendication. Toutefois, si le prix de vente n'est pas encore distribué, le deuxième alinéa de l'article 142 permet au tiers reconnu propriétaire d'en demander la distraction.

***La procédure de l'action en distraction***

La procédure de l'action en distraction est organisée par les alinéas 2 et 3 de l'article 141 de l'AUPSRVE. Pour être recevable, la demande en distraction doit préciser les éléments sur lesquels se fonde le droit de propriété invoqué. Cette demande est signifiée au créancier saisissant, au saisi et éventuellement au gardien. Le créancier saisissant doit, par écrit, mettre en cause les créanciers opposants. Le débiteur est appelé à l'instance en distraction. Notons cependant que

[40] CCJA, arrêt n° 075/2012 du 29 novembre 2012, Cour commune de justice et d'arbitrage, Recueil trimestriel de jurisprudence, n° 19, juillet-décembre 2012, p. 74.

le fait pour le créancier saisissant de ne pas mettre en cause les opposants n'entraîne pas l'irrecevabilité de l'action en distraction. Autrement, cela paralyserait l'action du propriétaire du bien dont la distraction est demandée.

## SECTION 2. LA SAISIE-ATTRIBUTION DES CRÉANCES

### §1. LA NOTION DE SAISIE-ATTRIBUTION

La saisie-attribution est une mesure d'exécution consistant pour le créancier ayant un titre exécutoire à se faire attribuer, après saisie, les créances d'argent que le débiteur détient sur des tiers. Elle ne peut cependant pas porter sur la rémunération due par un employeur. En effet, la rémunération ne peut être saisie que par voie d'une une procédure particulière dont il est question plus loin.

### §2. LA PROCÉDURE DE SAISIE-ATTRIBUTION

#### A. Le procès-verbal ou acte de saisie-attribution

##### 1. *Le contenu du procès-verbal*

À peine de nullité, le procès-verbal de saisie contient :

- l'identité et les adresses (ou siège) du saisissant et du saisi ;
- l'énonciation du titre exécutoire ;
- le décompte des sommes dues (principal, intérêts, frais et une provision pour les intérêts à échoir dans le délai d'un mois pour élever une contestation) ;
- l'indication que le tiers saisi est personnellement tenu envers le créancier et qu'il lui est fait défense de disposer des sommes saisies dans la limite de ce qu'il doit au débiteur ;
- la reproduction des articles 38, 156 et 169 à 172 de l'AUPSRVE ;

Outre ces mentions, le procès-verbal de saisie doit indiquer l'heure à laquelle il a été signifié.

À l'exception de la créance principale, les sommes dont l'indication est exigée dans le décompte imposé par l'article 157 ne découlent pas d'un quelconque titre exécutoire, mais plutôt directement des causes de la saisie[41].

Aux termes de l'article 158 de l'AUPSRVE, lorsque le tiers saisi est établi à l'étranger, la saisie doit être signifiée à personne ou à domicile. Si le tiers est une personne détenant des deniers publics, la saisie-attribution appliquée n'est valable que si l'acte de saisie est délivré au préposé chargé de le réceptionner ou son délégué (Art 159).

---

[41] CCJA, arrêt n° 084/2012 du 4 décembre 2012, Cour commune de justice et d'arbitrage, Recueil trimestriel de jurisprudence, n° 19, juillet-décembre 2012, p. 56.

### 2. *Les effets du procès-verbal*

Le procès-verbal de saisie-attribution produit trois effets. Premièrement, dit l'article 154 de l'AUPSRVE, l'acte de saisie emporte attribution directe et immédiate au créancier, des sommes saisies jusqu'à concurrence du montant poursuivi. Il s'ensuit que ces sommes, jusqu'à la hauteur du montant poursuivi, ne font plus partie du patrimoine du débiteur. En conséquence, elles ne pourront plus faire partie des biens de ce dernier susceptibles d'être distribués à tous ses autres créanciers. Ainsi, les saisies opérées postérieurement par d'autres créanciers n'affectent pas les sommes déjà saisies, lesquelles sont déjà attribuées au créancier qui les a saisies en premier. Sur ces sommes, celui-ci ne vient pas en concours avec ceux qui pratiquent des saisies ultérieures sur les avoirs du débiteur.

En second lieu, le procès-verbal de saisie rend indisponible les sommes saisies dans la limite de celles qui sont poursuivies. Ainsi, en droit OHADA, le cantonnement est de droit, le débiteur peut continuer à disposer de la portion de ses avoirs supérieure au montant pour lequel la saisie est pratiquée.

Enfin, en troisième lieu, dès la notification du procès-verbal de saisie, le tiers saisi devient personnellement débiteur dans les limites de son obligation. Cela est une conséquence de l'effet attributif du procès-verbal de saisi. Ainsi, le créancier dispose d'une action directe contre le tiers-saisie qui n'a pas payé le montant de la saisie lorsque toutes les formalités ont été accomplies.

## B. Les obligations du tiers : déclaration

### 1. *Le contenu et moment de la déclaration*

Le tiers saisi est tenu de faire une déclaration sur tout ce qu'il détient pour le débiteur. La déclaration porte également sur les différents éléments qui peuvent affecter la créance que le débiteur tient sur le tiers. Elle est accompagnée des pièces justificatives. Aux termes de l'article 157 de l'AUPSRVE, lorsque l'acte de saisie est signifié à personne, la déclaration du tiers doit être faite sur le champ. Si l'acte n'a pas été signifié à personne, la déclaration est faite au plus tard, dans les cinq jours qui suivent la signification.

Le tiers qui fait une déclaration inexacte, incomplète ou tardive, s'expose à la condamnation au paiement des causes de la saisie, ainsi qu'aux dommages-intérêts.

## C. La particularité de la déclaration lorsque le tiers est un établissement bancaire ou financier

Dans le cas où la saisie est pratiquée entre les mains d'un établissement bancaire, financier ou assimilé, ce dernier est tenu de communiquer la nature des comptes du débiteur et leur solde au jour de la saisie. Dans les quinze jours ouvrables après la saisie, ce solde peut être affecté par des mouvements, soit au profit du créancier (crédit), soit à son préjudice (débit). Il y sera en effet porté au crédit, l'encaissement des chèques ou effets de commerce qui ont été remis avant la saisie. Au débit du compte, seront portées toutes les opérations de retrait qui ont été effectuées avant la saisie. Il s'agit d'une part, des imputations des chèques remis à l'encaissement ou portés au crédit du compte antérieurement à la saisie et qui sont revenus impayés, et d'autre part, du retrait de billetterie ou par carte, dès lors que les bénéficiaires ont effectivement été crédités avant la saisie.

Les effets de commerce remis à l'escompte et non payés à la présentation ou à l'échéance, lorsque celle-ci est postérieure à la saisie, peuvent être contre-passés dans un délai d'un mois à compter de la saisie.

Aux termes du troisième alinéa de l'article 161 de l'AUPSRVE, les opérations de crédit et de débit n'affectent le compte du débiteur que lorsque leur cumule est négatif et supérieur aux sommes non frappées par la saisie au jour du règlement.

Si, après la passation de ces opérations, il y a diminution des sommes rendues indisponibles, l'établissement est tenu, dans un délai de huit jours à compter de l'expiration du délai de la contre passation, de transmettre par écrit un relevé de toutes les opérations qui ont affecté les comptes depuis le jour de la saisie.

Lorsque la saisie est pratiquée sur les avoirs d'un débiteur qui a plusieurs comptes, le paiement est effectué en prélevant en priorité sur ceux qui sont disponibles à vue. Dans le cas où la saisie est pratiquée sur un compte joint appartenant à plusieurs titulaires, elle est signifiée à ceux-ci. Si les noms d'autres titulaires ainsi que leurs adresses ne sont pas connus, l'huissier demande à la banque de les informer immédiatement de la saisie ainsi que du montant des sommes réclamées.

### D. La dénonciation de la saisie au débiteur

La saisie-attribution doit être, sous peine de nullité, dénoncée au débiteur dans un délai de huit jours à compter de l'acte de saisie. L'acte de dénonciation contient :

- une copie de l'acte de saisie ;
- la déclaration faite au débiteur l'informant qu'il dispose d'un délai d'un mois pour élever une contestation, en indiquant la date de l'expiration de ce délai, ainsi que la juridiction compétente pour connaître des contestations éventuelles ;
- le rappel fait au débiteur qu'il peut autoriser par écrit que le créancier soit payé par le tiers saisi sans délai.

Lorsque la signification de l'acte de dénonciation est faite à la personne du débiteur, les déclarations ci-dessus sont aussi faites verbalement. L'acte en fait mention.

## E. Le paiement par le tiers saisi

Le tiers saisi n'est tenu de payer au créancier les sommes saisies que lorsque celui-ci lui présente un certificat du greffe attestant la non-contestation (après l'expiration du délai de contestation), ou un jugement exécutoire rejetant la contestation formée par le débiteur. Avant l'expiration du délai de contestation, le tiers ne peut payer que s'il a une déclaration écrite du débiteur, dans laquelle celui-ci renonce à toute contestation. A la présentation de ces éléments, le tiers doit payer. Il ne peut s'opposer, sous peine d'engager sa responsabilité, à procéder au paiement en invoquant un quelconque motif qui pourrait être soulevé par le débiteur contre le créancier saisissant. En effet, le tiers n'est pas l'avocat du débiteur.

Le tiers qui a une obligation à exécution successive à l'égard du débiteur, procédera au paiement au fur et à mesure des échéances successives. Il ne peut, en effet, en tant que débiteur du débiteur, être contraint à payer avant le terme dont il dispose.

# §3. LES CONTESTATIONS EN MATIÈRE DE SAISIE-ATTRIBUTION DES CRÉANCES

## A. La juridiction compétente et forme

Les contestations relatives à une saisie-attribution des créances sont de la compétence de la juridiction compétente de la demeure du débiteur. Celle de la demeure du tiers saisi est compétente lorsque le domicile du débiteur n'est pas connu. La contestation est formée par voie d'assignation.

## B. Le délai

Aux termes de l'article 172 de l'AUPSRVE, le débiteur qui souhaite introduire une contestation doit le faire dans un délai d'un mois à compter de la signification de la saisie. Lorsqu'il ne l'a pas formée dans le délai, le débiteur peut, si les conditions sont réunies, exercer une action en répétition. Rappelons ici ce qui a été dit plus haut, à savoir qu'il y a lieu de considérer qu'il n'y a pas eu de contestation lorsque, après une assignation en contestation, le tribunal se déclare non saisi. En effet, entant qu'exception de nullité, la non saisine produit des effets rétroactifs de telle sorte que les parties se retrouvent à la situation qui prévalait avant l'assignation. Dans ce cas, le débiteur, s'il est encore dans le délai ci-dessus mentionné, doit faire une nouvelle assignation en contestation. A défaut de le faire dans le délai, le créancier doit être admis à solliciter au greffe une attestation de non contestation pouvant lui permettre de continuer l'exécution.

### C. Les recours contre une décision rendue sur contestation contre une saisie-attribution

La décision tranchant une contestation faite contre une saisie-attribution est susceptible d'appel dans un délai de quinze jours à compter de sa notification. Dérogeant au caractère exécutoire des décisions rendues en matière d'exécution tel que posé par l'article 49 de l'AUPSRVE, l'article 172 dispose que l'appel et le délai d'appel contre ces décisions sont, sauf décision contraire motivée de la juridiction compétente, suspensifs de l'exécution.

## SECTION 3. LA SAISIE ET LA CESSION DES RÉMUNÉRATIONS

## §1. LA SAISIE DES RÉMUNÉRATIONS

Le législateur OHADA a, en matière de saisie des rémunérations, mis en place deux procédures. Il y a d'une part, la saisie des rémunérations de droit commun, et d'autre part, la saisie simplifiée des créanciers d'aliments.

### A. La saisie des rémunérations de droit commun

Le principe de la saisie des rémunérations est posé par l'article 173 de l'AUPSRVE. L'article 175 précise quant à lui, que la rémunération ne peut faire l'objet d'une saisie conservatoire. Compte tenu du caractère social et vital de la rémunération, l'acte uniforme interdit d'en saisir la totalité, en laissant à la législation interne le soin de fixer la quotité saisissable[42]. La procédure se déroule en deux phases, une conciliation préalable suivie en cas d'échec, par des opérations de saisie.

#### 1. *La conciliation préalable*

Avant toute saisie des rémunérations, une procédure de conciliation préalable est menée par la juridiction compétente. Elle commence par une requête de conciliation adressée à cette dernière, en passant par la convocation du débiteur par le greffier, pour se terminer soit par un jugement, un procès-verbal de conciliation ou une saisie.

---

[42] L'article 114 du Code du travail congolais dispose : « La rémunération du travailleur n'est cessible et saisissable qu'à concurrence d'un cinquième sur la partie n'excédant pas cinq fois le salaire mensuel minimum interprofessionnel de sa catégorie et d'un tiers sur le surplus. Elle est cessible et saisissable à concurrence de deux cinquièmes lorsque la créance est fondée sur une obligation alimentaire légale. La saisie et la cession autorisées pour toute créance et celles autorisées pour cause d'obligation alimentaire légale peuvent s'opérer cumulativement. Le calcul des quotités cessibles et saisissables se fait après déduction des retenues fiscales et sociales et de l'évaluation forfaitaire du logement, tel que défini à l'article 139 du présent Code ».

#### a. *La requête aux fins de conciliation*

La requête est adressée à la juridiction compétente par le créancier. Outre l'identité de celui-ci, elle comporte les éléments ci-après :

- l'identité et les adresses du débiteur et de son employeur ;
- le décompte des sommes réclamées (principal, frais, intérêts échus et taux d'intérêt) ;
- l'existence éventuelle des privilèges ;
- l'indication des modalités de versement des sommes saisies.

Le créancier joint à sa requête une copie du titre exécutoire constatant sa créance. Le greffier lui notifie le lieu, le jour et l'heure de la tentative de conciliation.

#### b. *La convocation du débiteur*

Pour la tentative de conciliation, le débiteur est invité par une convocation écrite du greffier. L'invitation lui est envoyée au moins quinze jours avant l'audience. La convocation comporte les éléments ci-après :

- l'identité et l'adresse du créancier, le lieu, le jour et l'heure de la conciliation ;
- l'objet de la demande et l'état des sommes réclamées ;
- la possibilité pour le débiteur d'élever des contestations au cours de l'audience, et l'avertissement que toute contestation tardive ne suspendrait pas l'opération de saisie ;
- les conditions de représentation du débiteur à l'audience.

#### c. *La décision de la juridiction compétente*

La décision de la juridiction compétente varie en fonction du fait que le débiteur a comparu ou non à l'audience de conciliation. Lorsqu'il n'y a pas de retour de l'avis de réception de la convocation, et si le débiteur ne comparait pas, la juridiction compétente a deux possibilités. Elle peut, si elle l'estime nécessaire et justifié, demander au greffier d'envoyer au débiteur une seconde convocation. Elle peut aussi, après vérification du montant de la créance, rendre une décision ordonnant au greffier de saisir. Cette décision n'est pas susceptible d'opposition. Elle est seulement susceptible d'appel. Lorsque, par contre, les parties comparaissent, il est dressé un procès-verbal de comparution. Celui-ci est établi, même si après, il n'y a pas eu de conciliation, ou de comparution de l'une des parties.

Si la procédure menée aboutit à une conciliation, le procès-verbal de conciliation indique la solution à laquelle les parties sont parvenues. Si par contre, il n'y a pas de conciliation, un procès-verbal de non conciliation est dressé. Il est, dans ce cas, procédé à la saisie de la rémunération, après que le président ait vérifié le montant réclamé, et tranché les contestations éventuelles soulevées par le débiteur.

### 2. *Les opérations de la saisie des rémunérations*

#### a. *La notification de la saisie à l'employeur*

Dans un délai de huit jours à partir de l'audience où la non-conciliation a été constatée, ou à partir de l'expiration du délai de recours, si une décision a été prise par la juridiction compétente (en cas de non comparution), l'acte de saisie est notifié par le greffier à l'employeur par lettre recommandée ou par tout autre écrit. Cet acte contient les mentions ci-après :

- l'identité du débiteur et du créancier, ainsi que leurs adresses respectives ;
- le décompte des sommes pour lesquelles la saisie est pratiquée (principal, frais, intérêts ainsi que le taux d'intérêt) ;
- l'injonction de déclarer au greffe, dans un délai de quinze jours, la situation de droit (sa relation juridique) avec le saisi et, éventuellement, les saisies et cessions des rémunérations en cours d'exécution, ainsi que toute information permettant la retenue lorsque la saisie est pratiquée sur un traitement ou salaire payé sur les fonds publics[43] ;
- la reproduction des articles 185 à 189 de l'AUPSRVE.

L'employeur doit, dans un délai de huit jours suivant la notification, informer le greffe et le saisissant sur toute modification intervenue dans sa relation juridique avec le saisi, qui est de nature à affecter le versement des retenues.

#### b. *Les effets de la saisie des rémunérations*

La saisie des rémunérations produit trois effets .Elle rend en premier lieu indisponible la quotité saisissable de la rémunération. En suite, elle oblige l'employeur à verser mensuellement au greffe la retenue sur la rémunération du travailleur, sans excéder la quotité saisissable (il doit y joindre une note indiquant les noms des parties, le montant de la somme versée, la date et les références de l'acte de saisie) . Et dernier lieu, elle rend possible l'employeur à la condamnation au paiement de la retenue lorsque celle-ci n'est pas versée. Dans ce cas, la décision condamnant celui-ci lui est notifiée dans un délai de trois jours à compter de sa date par le greffier, ou par le créancier (Art 189 AUPSRVE). Le débiteur et, éventuellement, le créancier en sont avisés.

La décision de condamnation de l'employeur est susceptible d'opposition dans un délai de quinze jours à compter de sa notification, faute de quoi elle devient exécutoire sur une expédition délivrée par le greffe et revêtue de la formule exécutoire.

#### c. *La pluralité de saisies : intervention*

D'autres créanciers munis des titres exécutoires peuvent se joindre, par voie **d'intervention**, à une procédure de saisie des rémunérations déjà engagée, sans passer par la phase de conciliation. Pour ce faire, ils doivent, par requête,

[43] L'employeur qui ne fournit pas ces informations est déclaré débiteur de retenues. Il peut être condamné aux frais et aux dommages-intérêts, s'il ne fait pas de déclaration ou s'il fait une déclaration mensongère.

adresser une demande d'intervention à la juridiction compétente. Cette requête comprend les mentions prescrites pour la demande de conciliation. Lorsqu'elle porte sur une autre créance ou sur des intérêts échus depuis la saisie, la demande d'intervention peut également être faite par un créancier qui participe déjà à la procédure.

Le créancier intervenant notifie par écrit sa demande d'intervention au débiteur et à tous les autres créanciers qui participent à la procédure. Le débiteur peut contester l'intervention. Dans ce cas, la contestation est jointe à la procédure en cours. Si celle-ci est terminée, le débiteur dispose d'une action en répétition de l'indu.

#### d. *La remise des fonds saisis et leur répartition*

Tout mouvement des fonds issus d'une saisie des rémunérations est mentionné dans un registre tenu au greffe. Lorsqu'il y a un seul créancier saisissant, le greffier lui verse directement ou à son mandataire spécial, la quotité versée par l'employeur du débiteur. Cela est indiqué en marge du registre. S'il y a plusieurs créanciers saisissants, ceux-ci viennent en concours, sauf existence des causes légales de préférence. Dans ce cas, les sommes sont logées dans un compte ouvert par le greffier. Ce dernier, avec l'autorisation du président de la juridiction, retire les sommes versées pour les répartir aux créanciers suivant la répartition faite par le président de la juridiction. Celle-ci est faite chaque trimestre, la première semaine des mois de février, mai, août et novembre. Un état de répartition est dressé et notifié à chaque créancier à qui le greffier verse le montant qui lui revient. L'état de répartition peut être contesté par voie d'opposition, dans un délai de quinze jours suivant sa notification.

#### e. *La mainlevée de la saisie de la rémunération*

La mainlevée de la saisie pratiquée sur la rémunération, dit l'article 201 de l'AUPSRVE, peut résulter de l'accord du créancier, d'une décision du président de la juridiction après la contestation introduite par le débiteur, ou de l'extinction de la dette. Elle est notifiée à l'employeur dans les huit jours.

## B. La saisie simplifiée pour les créanciers d'aliments

### 1. *La Justification de cette procédure simplifiée*

Compte tenu du caractère vital des aliments, le législateur OHADA a institué, aux articles 213 à 217, une procédure simplifiée de saisie au profit des créanciers d'aliments porteurs des titres exécutoires. Cette saisie est pratiquée pour le recouvrement du dernier arrérages d'aliments échu et les arrérages à échoir. Elle s'applique sur la partie saisissable des traitements, salaires, rémunérations et pensions payés au débiteur d'aliments.

**Note :** la créance d'aliments est préférée à toutes les autres quel que soit le privilège.

#### 2. *Le déroulement de la procédure*

La demande de saisie est adressée à l'huissier. Celui-ci la notifie par écrit au tiers et avise le débiteur par simple lettre. Le tiers saisi est tenu, dans un délai de huit jours après la notification, d'accuser réception de la demande et d'indiquer s'il peut y donner suite ou pas. Il doit également informer le débiteur de la cessation ou de la suspension de la rémunération. Dans le cas où il y donne suite, le tiers verse directement la somme correspondant à la quotité saisissable entre les mains du créancier d'aliments. Toute décision de suppression ou de modification de la pension alimentaire affecte automatiquement la demande de paiement direct.

#### 3. *Les contestations*

Les contestations en matière de procédure simplifiée pour le recouvrement des créances d'aliments sont formées par déclaration verbale ou écrite au greffe de la juridiction du domicile du créancier. Elles ne sont pas suspensives de l'exécution.

## §2. LA CESSION DES RÉMUNÉRATIONS

### A. La notion de cession des rémunérations

La cession des rémunérations consiste pour le débiteur (cédant), à faire, de façon volontaire, une déclaration dans laquelle il accepte de céder à un tiers, dans les limites de la quotité cessible de sa rémunération, une partie de celle-ci.

À la différence de la saisie qui est une démarche contraignante, la cession procède de l'expression de la volonté du cédant, lequel décide seul.

### B. La procédure de la cession

#### 1. *La déclaration et vérification*

La cession se fait par une déclaration du cédant au greffe de la juridiction compétente. Cette déclaration comprend le montant et la cause de la dette, ainsi que le montant des retenues autorisées à chaque paiement de la rémunération.

La juridiction compétente, avant l'enregistrement au greffe dans le registre des saisies et cessions des rémunérations, vérifie que la cession est faite dans les limites de la quotité saisissable, en tenant compte des saisies et cessions antérieures qui sont en cours d'exécution.

#### 2. *La notification et le versement*

Le greffier notifie la cession à l'employeur en indiquant le montant mensuel du salaire du cédant, celui de la quotité saisissable, ainsi que le montant des retenues effectuées. L'employeur, sur production de la copie de la cession, verse directement au cessionnaire le montant des retenues. Le non versement de ces quotités est sanctionné par une décision de la juridiction compétente, comme c'est le cas lorsqu'il s'agit d'une saisie des rémunérations (Art 207).

### C. Le Concours entre la cession et la saisie des rémunérations

Lorsque la rémunération cédée fait l'objet d'une saisie ultérieure, le cessionnaire devient immédiatement saisissant pour les sommes restant dues. Il entre en concours avec les autres saisissants. Dans ce cas, le greffier notifie la saisie au cessionnaire en lui indiquant que désormais il vient en concours avec les autres saisissants. Il l'invite à présenter un relevé de ce qui lui reste dû. La notification est également faite à l'employeur que le greffier invite à verser désormais les paiements au greffe. Si la saisie prend fin avant la cession, le cessionnaire retrouve les droits qu'il détenait de l'acte de cession. Le greffier avise l'employeur de ce nouveau changement en lui indiquant que les paiements doivent être faits à nouveau entre les mains du cessionnaire.

#### 1. *Le cas d'une cession faite en fraude aux droits des saisissants*

Tout saisissant qui a une présomption que la cession des rémunérations a été faite en fraude à ses droits, peut, par **une action en annulation**, l'attaquer devant la juridiction compétente. Il peut en attendant l'aboutissement de son action, demander que les sommes retenues soient consignées entre les mains du greffier.

#### 2. *La radiation de la cession*

La cession est radiée du registre des saisies et cession des rémunérations lorsqu'il y a annulation judiciaire, résiliation par une déclaration du cessionnaire, ou paiement de la dernière tranche par l'employeur.

## SECTION 4. LA SAISIE-APPRÉHENSION

### §1. LA NOTION DE SAISIE-APPRÉHENSION

La saisie-appréhension est la voie d'exécution forcée qui permet au titulaire d'un droit à la restitution ou à la délivrance d'un bien meuble corporel, porteur d'un **titre exécutoire**, de l'appréhender quelles que soient les mains où il se trouve. A la différence de la saisie-vente dont la finalité est la vente du bien saisi pour désintéresser le créancier, la saisie-appréhension vise, sauf lorsqu'elle est faite au profit d'un créancier gagiste, à restituer ou à livrer le bien au créancier.

Le bien saisi dans ce cadre entre directement dans le patrimoine du saisissant.

## §2. LA PROCÉDURE

### A. L'appréhension entre les mains du débiteur

#### 1. *Le commandement préalable*

L'appréhension est précédée par un commandement préalable de délivrer ou de restituer adressé à la personne tenue de l'obligation de délivrer ou de restituer.

Le commandement comprend à peine de nullité :

- la mention du titre exécutoire constatant la créance ;
- l'identité et les adresses du créancier et du débiteur ;
- l'indication que le débiteur peut, dans un délai de huit jours, transporter à ses frais le bien désigné dans un lieu et dans les conditions indiquées ;
- l'indication que les contestations peuvent être portées devant la juridiction de la demeure du destinataire ;
- l'élection du domicile dans le ressort de la juridiction où se déroule la saisie, si le créancier n'y demeure pas.

Aux termes de l'article 220, une saisie-appréhension peut être pratiquée sans commandement préalable lorsque le débiteur est présent et qu'il refuse de transporter le bien à ses frais au lieu indiqué. Dans ce cas, dans l'acte qu'il dresse (reprenant les mentions du commandement), l'huissier indique que les contestations pourront être portées devant la juridiction de la demeure du débiteur.

#### 2. *L'appréhension du bien*

Un acte de remise est dressé au débiteur qui remet volontairement le bien faisant objet de la saisie-appréhension. Si par contre, à l'expiration du délai de huit jours, à compter du commandement, la remise volontaire n'est pas effectuée, le bien est appréhendé et remis au créancier. Pour ce faire, un acte d'appréhension est dressé. Il contient un état détaillé du bien, ce dernier pouvant être photographié. Une copie de cet acte est remise ou notifiée au débiteur.

Lorsque le bien est appréhendé pour être remis à un créancier gagiste, l'acte de remise ou d'appréhension vaut saisie, et il sera procédé à la vente suivant les règles de la saisie-vente. Dans ce cas, dit l'article 223, un acte est remis au débiteur. Cet acte contient à peine de nullité :

- une copie de l'acte de remise ou d'appréhension ;
- l'indication du lieu où le bien a été déposé ;
- le décompte des sommes réclamées (principal, frais, intérêts et taux d'intérêt) ;
- l'indication que le débiteur dispose d'un délai d'un mois pour procéder à la vente amiable, faute de quoi il sera procédé à la vente forcée ;
- la reproduction des dispositions des articles 115 à 119 de l'AUPSRVE.

### B. L'appréhension entre les mains d'un tiers

Lorsque le bien est détenu par un tiers, la procédure commence par une sommation faite à celui-ci et se termine par l'appréhension en passant par une décision prise par la juridiction compétente.

#### 1. *La sommation*

Une sommation de remettre le bien est signifiée au tiers. Elle est immédiatement dénoncée au débiteur et contient à peine de nullité :

- une copie du titre exécutoire ; si celui-ci est un jugement, la sommation ne reprend que le dispositif, les éléments d'identité des parties et leurs adresses ;
- une injonction d'avoir, dans un délai de huit jours, soit à remettre le bien désigné, soit à communiquer à l'huissier, sous peine des dommages-intérêts, les raisons pour lesquelles il s'oppose à la remise ;
- l'indication que les difficultés de la saisie seront portées devant la juridiction de la demeure du destinataire de l'acte ;
- l'élection de domicile dans le ressort de la juridiction où s'effectue la saisie, si le créancier n'y demeure pas.

#### 2. *La décision ordonnant la remise et l'appréhension*

Si, à l'expiration du délai imparti au tiers, il n'y a pas de remise volontaire du bien, le créancier peut saisir le juge compétent du lieu de la résidence du tiers détenteur pour obtenir que celui-ci ordonne la remise. La saisine du juge doit intervenir dans le mois qui suit la signification de la sommation, faute de quoi cette dernière devient caduque. L'appréhension, lorsqu'elle est décidée, est faite sur simple présentation de la décision de la juridiction ordonnant la remise. Un acte d'appréhension est dressé à l'occasion. Une copie est remise ou notifiée au tiers. Le débiteur est également informé.

## SECTION 5. LA SAISIE DES DROITS DES ASSOCIÉS ET VALEURS MOBILIÈRES

Le créancier porteur d'un titre exécutoire peut, en vue de la vente, saisir les droits que son débiteur détient dans une société. La procédure à cet effet se déroule en deux phases comprenant les opérations de saisie et la vente.

### §1. LA SAISIE

La saisie des droits des associés et valeurs mobilières intervient au moins huit jours après commandement fait au débiteur et resté sans effet. L'acte de saisie comporte des mentions obligatoires ci-après :

- l'identité et les adresses (ou siège) des parties saisissantes et du saisi ;
- l'élection de domicile dans le ressort territorial de la juridiction, lorsque le créancier n'y a pas de domicile ou de résidence ;

- l'énonciation du titre exécutoire constatant la créance ;
- le décompte des sommes dues (principal, intérêts, frais et une provision pour les intérêts à échoir dans le délai d'un mois pour élever une contestation) ;
- l'indication que la saisie rend indisponibles les droits pécuniaires attachés à l'intégralité des parts ou valeurs mobilières dont le débiteur est titulaire ;
- la sommation de faire connaître dans un délai de huit jours, l'existence d'éventuels nantissements ou saisies, et d'avoir à communiquer au saisissant, copie des statuts.

L'acte de saisie est, sous peine de caducité, signifié au débiteur dans un délai de huit jours à compter de la saisie. Sous celle de nullité, l'acte de signification comprend :

- une copie du procès-verbal de saisie ;
- l'indication que les contestations doivent être soulevées, à peine d'irrecevabilité, dans un délai d'un mois suivant la signification de l'acte de saisie ;
- l'indication que le débiteur dispose d'un délai d'un mois pour procéder à la vente amiable conformément aux articles 115 à 119 de l'AUPSRVE ;
- la reproduction des articles 115 à 119 de l'AUPSRVE.

Le débiteur peut obtenir la mainlevée de la saisie s'il consigne une somme suffisante pour désintéresser le créancier.

## §2. LA VENTE FORCÉE

À défaut d'une vente amiable, les droits saisis seront, à la demande du créancier, sur présentation d'un certificat de non contestation ou d'une décision exécutoire de rejet de la contestation, vendus par voie forcée comme dans la procédure de la saisie-vente.

### A. L'élaboration du cahier des charges

En vue de la vente, un cahier des charges est établi par l'avocat de la partie poursuivante. Ce cahier, qui rappelle la procédure antérieure, contient en outre, les statuts de la société, ainsi que toutes les informations nécessaires pour apprécier les droits qui sont saisis. Les conventions entre associés qui instituent un droit d'agrément d'un nouvel associé ou un droit de préférence pour la cession ne s'imposent à l'adjudicataire que lorsqu'elles figurent au cahier des charges.

### B. La communication du cahier des charges

Une copie du cahier des charges est notifiée à la société qui la communique à son tour aux associés. Le même jour, une sommation est faite aux autres créanciers saisissants de prendre connaissance du cahier des charges auprès de l'agent d'exécution chargé de la vente (greffe ou notaire), et d'y insérer éventuellement des observations dans un délai de deux mois à compter de la notification faite à la société.

### C. La publicité en vue de la vente

La publicité est faite au plus tôt trente jours, au plus tard quinze jours avant la date fixée pour la vente. Elle indique le jour, l'heure et le lieu où la vente se déroule. Le débiteur, la société et, éventuellement, les créanciers opposants sont informés par voie de notification. Le public l'est par voies de presse et, si nécessaire, par affichage.

### D. La pluralité des saisies

Lorsqu'il y a plusieurs saisies pratiquées sur les droits d'un débiteur, le prix de vente est reparti entre les créanciers ayant pratiqué la saisie avant la vente. Si parmi eux, certains ont pratiqué des saisies conservatoires, leur part sur le prix de la vente sera consignée jusqu'à l'obtention du titre exécutoire.

# CHAPITRE II

# LA SAISIE IMMOBILIÈRE

## SECTION 1. LA NOTION DE SAISIE IMMOBILIÈRE

### §1. LA DÉFINITION

La saisie immobilière est la voie d'exécution par laquelle un créancier poursuit la vente, par expropriation forcée, des immeubles du débiteur défaillant. Elle a un caractère subsidiaire, en ce que le créancier qui souhaite recourir à l'exécution forcée doit, dit le deuxième alinéa de l'article 28 de l'AUPSRVE, commencer l'exécution sur les biens meubles du débiteur. L'exécution sur les immeubles ne peut avoir lieu que soit, s'il s'agit d'un créancier hypothécaire exécutant sur l'immeuble hypothéqué, ou soit lorsque les biens meubles du débiteurs sont insuffisants.

### §2. LES CONDITIONS DE LA SAISIES IMMOBILIÈRES

#### A. La condition quant au titre à exécuter

La saisie immobilière ne peut être menée qu'en vertu d'un titre exécutoire constatant une créance exigible et liquide. L'article 247 de l'AUPSRVE précise qu'elle peut être pratiquée même en vertu d'un titre exécutoire par provision et pour une créance non liquidée. Dans ce cas, la vente n'interviendrait qu'après que le titre soit devenu définitivement exécutoire, et la créance liquidée.

#### B. Les conditions liées à la propriété de l'immeuble

1° On ne peut saisir et vendre une part indivise d'un immeuble avant le partage ou la licitation. Celle-ci peut même être provoquée par les créanciers d'un indivisaire.

2° Lorsque l'immeuble appartient en commun aux époux, les poursuites sont engagées contre les deux conjoints.

3° Lorsque les immeubles du débiteur sont situés dans différents ressorts, la vente forcée ne peut être poursuivie au même moment, elle doit être successive.

On peut toutefois procéder à une vente simultanée lorsque les immeubles font partie d'une même exploitation, ou avec l'autorisation de la juridiction compétente. L'autorisation n'est accordée que dans le cas où les immeubles situés dans un même ressort sont insuffisants pour désintéresser le créancier.

### C. La condition liée à la situation juridique de l'immeuble

La saisie immobilière ne peut être pratiquée que sur un immeuble enregistré. Lorsque l'immeuble n'est pas enregistré, le créancier doit solliciter son immatriculation auprès du conservateur des titres immobiliers. L'autorisation du président de la juridiction compétente est nécessaire pour faire une telle demande. L'enregistrement ainsi demandé est fait au nom du débiteur.

Le président du tribunal n'a aucune compétence pour procéder à l'enregistrement d'un immeuble. Ce pouvoir, en vertu de l'article 233 de la loi du 20 juillet 1973, appartient exclusivement au conservateur des titres immobiliers. De la même manière, le président n'a pas le pouvoir d'ordonner au conservateur de procéder à l'enregistrement. En effet, l'autorisation de requérir l'immatriculation ne concerne que le créancier et ne vise qu'à obtenir le droit pour celui-ci à s'adresser au conservateur. Elle ne consiste nullement, pour le créancier, à obtenir que le président de la juridiction donne un ordre au conservateur, l'enjoignant de procéder à cette immatriculation. Ce dernier reste la seule autorité qui apprécie si l'immeuble concerné peut ou non être enregistré au nom du débiteur.

## SECTION 2. LA PROCÉDURE DE LA SAISIE IMMOBILIÈRE

La procédure de la saisie immobilière se déroule en trois phases : le commandement, la préparation de la vente et la vente.

## §1. LE COMMANDEMENT

En matière immobilière, le commandement à fin de saisie est prescrit à peine de nullité. On ne peut donc pratiquer une saisie immobilière sans commandement préalable. Lorsque la saisie concerne plusieurs immeubles, un seul commandement suffit (Art 257).

### A. Le contenu du commandement

L'article 254 de l'AUPSRVE indique les mentions obligatoires du commandement. Il s'agit de :

1° la référence au titre exécutoire, le montant de la dette, ainsi que l'identité et les adresses respectives du créancier et du débiteur ;

2° la copie du pouvoir spécial de saisir donné à l'huissier par le créancier poursuivant, sauf lorsque le commandement contient, sur l'original et la copie, le « bon pour pouvoir » signé par le créancier ;

3° l'avertissement que, faute de payer dans vingt jours, le commandement pourra être transcrit à la conservation des titres immobiliers et vaudra saisie à partir de sa publication ;

4° l'indication de la juridiction où l'expropriation sera poursuivie ;

5° le numéro du titre foncier et l'indication de la situation précise des immeubles faisant l'objet de saisie ; s'il s'agit d'un immeuble non enregistré, le numéro de la réquisition (demande) d'immatriculation, s'il s'agit d'impenses[44], sa désignation précise ainsi que la référence de la décision d'affectation ;

6° la constitution de l'avocat chez qui le créancier élit domicile.

Pour avoir les renseignements nécessaires à la rédaction du commandement, notamment la situation de l'immeuble et sa description, l'huissier peut y pénétrer, si nécessaire, en se faisant assister par la force publique. Lorsque l'immeuble est détenu par un tiers contre lequel il n'y a pas de titre exécutoire, l'huissier ne peut y pénétrer que moyennant une autorisation de la juridiction compétente.

### B. La signification du commandement

Le commandement doit, sous peine de nullité, être signifié au débiteur et éventuellement, au tiers détenteur de l'immeuble.

Dans le cas où l'immeuble est détenu par un tiers, la signification contient une sommation soit de payer l'intégralité de la dette, soit de délaisser l'immeuble hypothéqué, soit encore de subir l'expropriation. En cas d'impenses, la signification du commandement est également faite à l'autorité administrative ayant affecté le terrain au débiteur.

Lorsque la saisie vise un immeuble non enregistré, le commandement ne peut être signifié qu'après la réquisition d'immatriculation adressée au conservateur des titres immobilier (Art 254).

### C. La transcription et publication du commandement par le Conservateur des titres immobiliers

L'huissier fait viser l'original du commandement par le conservateur des titres immobiliers. Une copie dudit commandement, après visa, est remise à ce dernier pour sa publication à intervenir dans les trois mois de la signification. Dépassé ce délai, le créancier doit reprendre toute la procédure. Lorsque la saisie porte sur les impenses, c'est l'autorité administrative qui a affecté le terrain qui transmet le commandement au conservateur. Celui-ci procède à la transcription. S'il n'est pas en mesure de le faire immédiatement, il mentionne la date et l'heure du dépôt sur l'original. Il doit également, le cas échéant, y mentionner son refus de procéder à la transcription ainsi que la raison qui la motive. Lorsqu'il y a plusieurs commandements qui portent sur un même immeuble, la

---

[44] Les impenses sont des constructions du débiteur érigées sur un terrain appartenant à l'État, qui lui a été affecté par une décision administrative.

transcription est faite par ordre d'arrivée. En marge de chacun, le conservateur mentionne les commandements antérieurs déjà transcrits.

### D. La radiation de la transcription

La transcription du commandement est radiée sur mainlevée du créancier lorsque le débiteur a procédé au paiement dans le délai de vingt jours imparti dans ledit commandement. A défaut, le débiteur qui a payé dans ce délai, peut obtenir cette radiation en saisissant la juridiction compétente. Cette dernière doit statuer en urgence et se prononcer dans les huit jours de sa saisine.

### E. Les effets du commandement

Aux termes de l'article 262 de l'AUPSRVE, en premier lieu, le commandement vaut saisie dès sa transcription par le conservateur des titres immobiliers. En second lieu, la transcription entraîne l'immobilisation de l'immeuble et de ses revenus. Par conséquent, le débiteur ne peut en disposer. Dès qu'il a transcrit le commandement, le conservateur refusera d'opérer toute inscription de nouveau droit réel (cas d'hypothèque ou d'une servitude conventionnelle), ou de faire de mutation. Toutefois, le quatrième alinéa de l'article 262 de l'AUPSRVE permet l'aliénation ou la constitution des droits réels lorsque, avant l'adjudication, l'acquéreur ou le créancier du débiteur consigne une somme suffisante à désintéresser les créanciers inscrits et le créancier poursuivant.

Lorsque la valeur des immeubles saisis dépasse celle de la créance, le débiteur peut demander à la juridiction compétente d'ordonner la surséance des poursuites sur un ou plusieurs immeubles désigné dans le commandement. Cette demande doit être faite par voie de requête lorsqu'elle intervient avant le dépôt du cahier des charges. Elle n'empêchera pas la publication du commandement. Si elle intervient après le dépôt du cahier des charges, la demande ci-dessus est faite par voie des dires et observations. Le débiteur peut également demander la suspension des poursuites, s'il justifie que pendant deux ans, les revenus nets des immeubles suffiront à désintéresser les créanciers en principal, frais et intérêts. Dans ce cas, les paiements doivent être délégués aux créanciers.

La procédure reprendra s'il y a une opposition ou un obstacle au paiement.

La saisie de l'immeuble n'entraîne pas automatiquement la dépossession du débiteur. Celui-ci, sauf décision contraire de la juridiction compétente, lorsque l'immeuble saisi n'est pas mis en location, en conserve la possession à titre de séquestre judiciaire.

## §3. LA PRÉPARATION DE LA VENTE

La préparation de la vente des immeubles saisis se déroule en quatre étapes. Elle part de la rédaction et dépôt du cahier des charges, à la publicité en vue de la vente, en passant par la sommation de prendre communication du cahier des charges, et l'audience éventuelle.

## A. La rédaction et le dépôt du cahier des charges

### 1. *La notion et l'obligation de déposer le cahier des charges*

L'article 266 de l'AUPSRVE définit le cahier des charges comme étant « le document rédigé et signé par l'avocat du créancier poursuivant, qui précise les conditions et modalités de la vente de l'immeuble saisi ». Sous peine de déchéance, le cahier des charges doit être déposé au greffe de la juridiction compétente dans un délai de cinquante jours à compter de la publication du commandement. La date du dépôt constitue le point de départ dans la détermination de la date de la vente, celle-ci devant intervenir au plus tôt quarante-cinq jours depuis ce dépôt, et au plus tard, quatre-vingt-dix jours après celui-ci (Art 268 de l'AUPSRVE).

### 2. *Le contenu du cahier des charges*

L'article 267 de l'AUPSRVE prescrit dix mentions obligatoires du cahier des charges. Il s'agit de :

- l'intitulé de l'acte ;
- l'énonciation du titre exécutoire et du commandement, avec la mention de la publication de ce dernier, ainsi que des autres actes et jugement intervenus après le commandement et qui ont été notifiés au créancier poursuivant ;
- la juridiction, ou le notaire convenu par les parties devant qui l'adjudication est poursuivie ;
- le lieu où se tiendra l'audience éventuelle ;
- les noms, prénoms, profession, nationalité, date de naissance et domicile du créancier poursuivant ;
- les nom, qualité et adresse de l'avocat de la partie poursuivante ;
- la désignation de l'immeuble saisi, telle que contenue dans le commandement ou le procès-verbal de description dressé par l'huissier ou l'agent d'exécution ;
- les conditions de la vente et, notamment, les droits et obligations des vendeurs et adjudicataires, le rappel des frais de poursuite et toute condition particulière ;
- le lotissement s'il y a lieu ;
- la mise à prix fixée par le poursuivant et qui ne peut être inférieure au quart de la valeur vénale de l'immeuble.

L'avocat du créancier poursuivant annexe au cahier des charges l'état, à la date du commandement, des droits réels qui grèvent l'immeuble. Cet état est délivré par le conservateur des titres immobiliers.

### B. La sommation de prendre communication du cahier des charges

Aux termes de l'article 268 de l'AUPSRVE, le créancier poursuivant est tenu, dans un délai de huit jours, de sommer le débiteur et les créanciers inscrits à prendre communication du cahier des charges au greffe, et d'y faire insérer leurs dires et observations. La sommation contient les mentions ci-après, lesquelles sont prescrites à peine de nullité :

1° les jours et heures de l'audience éventuelle (laquelle ne peut avoir lieu moins de trente jours après la sommation) ;

2° le jour de l'adjudication (entre le trentième et le soixantième jour après l'audience éventuelle) ;

3° l'avertissement que les dires et observations doivent être reçus, à peine de déchéance, jusqu'au cinquième jour précédant l'audience éventuelle et qu'à défaut de former et de faire mentionner à la suite du cahier des charges, dans le même délai, la demande en résolution d'une vente antérieure ou la poursuite de folle enchère d'une réalisation forcée antérieure, le saisi et les créanciers inscrits seront déchus à l'égard de l'adjudicataire de leur droit d'exercer ces actions.

**Notes** : L'exercice des actions en résolution d'une vente antérieure, ou la poursuite en folle enchère d'une réalisation forcée antérieure, suspendent les poursuites sur l'immeuble concerné. Ces actions sont portées devant la juridiction devant laquelle les poursuites sont engagées, dans les mêmes formes, délais, et voies de recours que l'action en distraction (Art 271).

### C. L'audience éventuelle

#### 1. *La notion de l'audience éventuelle*

L'audience éventuelle est une audience au cours de laquelle les parties débattent des dires et observations insérées au cahier des charges par le débiteur et par les créanciers inscrits. Elle est dite éventuelle, parce que sa tenue est conditionnée à la formulation effective des dires et observations, de telle sorte qu'elle n'aura pas lieu si, après avoir été sommés, le saisi ou les créanciers inscrits ne formulent aucune observation.

#### 2. *La tenue de l'audience éventuelle*

La plaidoirie sur les dires et observations doit, en principe, intervenir dès la première audience. En effet, l'article 273 de l'AUPSRVE n'autorise de remise de cette audience que pour des causes graves dûment justifiées, ou lorsque la juridiction compétente exerce un contrôle d'office sur le cahier des charges. La décision qui est prise à la suite de l'audience éventuelle est transcrite au cahier des charges par le greffier. Elle est signifiée à la demande de la partie la plus diligente (Article 274 AUPSRVE).

Au cours de l'audience éventuelle, la juridiction compétente a un pouvoir de contrôle d'office qui lui permet d'une part, d'ordonner la distraction de certains biens saisis si leur valeur apparaît disproportionnée par rapport à la créance ; et d'autre part, de modifier la mise à prix lorsque celle-ci n'a pas respecté les règles posées par l'article 267-10[45]. Lorsque l'une de ces deux mesures a été prise, la juridiction compétente informe les parties de son intention de modifier le cahier des charges, en les invitant à présenter leurs observations dans un délai maximum de cinq jours. Si l'audience éventuelle n'a pu avoir lieu à la date indiquée initialement, la juridiction compétente indique la nouvelle date.

### D. La publicité en vue de la vente

#### 1. *Les modalités et moment de la publicité*

La publicité en vue de la vente est assurée de deux manières cumulatives. Elle se fait par la publication, sous la signature de l'avocat du poursuivant, d'un extrait du cahier des charges au journal officiel. Elle est également faite par l'apposition de placard (affichage) à la porte du domicile du saisi, à la porte de la juridiction compétente ou du notaire convenu par les parties, ainsi que dans les lieux officiels d'affichage de la commune de la situation de l'immeuble.

La publicité doit être réalisée au plus tôt trente jours, et au plus tard quinze jours avant l'adjudication (Art 276 AUPSRVE).

#### 2. *Le contenu de l'extrait du cahier des charges à publier (contenu prescrit à peine de nullité)*

L'extrait du cahier des charges doit indiquer les éléments ci-après :

- Les noms, prénoms, professions, domicile ou demeure des parties et de leurs avocats ;
- la désignation de l'immeuble (conforme au cahier des charges) ;
- la mise à prix ;
- l'indication des jours, lieu et heure de l'adjudication ;
- l'indication de la juridiction compétente ou du notaire convenu devant qui se fera l'adjudication.

## §4. LA VENTE

### A. Le moment de l'adjudication et les enchères

La vente est faite au jour fixé dans l'acte de dépôt du cahier des charges tel que prévu par l'article 268 de l'AUPSRVE. Elle se fait aux enchères publiques à la barre de la juridiction compétente, ou en l'étude du notaire convenu par les parties. L'audience de l'adjudication peut être remise par une décision de la juridiction compétente à une autre date pour des motifs graves et justifiés. Cette

[45] Article 267-10 AUPSRVE : « la mise à prix fixée par le poursuivant, laquelle ne peut être inférieure au quart de la valeur vénale de l'immeuble. La valeur de l'immeuble doit être appréciée, soit au regard de l'évaluation faite par les parties lors de la conclusion de l'hypothèque conventionnelle, soit, à défaut, par comparaison avec les transactions portant sur des immeubles de nature et de situation semblables.

remise est faite à la requête d'une partie, déposée au plus tard cinq jour avant la date de l'adjudication. La décision de la juridiction compétente doit être motivée. Elle fixe la nouvelle date de l'adjudication, laquelle ne peut aller au-delà de soixante jours. Dans ce cas, le créancier poursuivant doit procéder à la nouvelle publicité. Sauf lorsqu'elle ne respecte pas le délai de fixation de la nouvelle date, la décision de remise n'est pas susceptible de recours.

La vente se fait sur réquisition même verbal de l'avocat du poursuivant, ou de tout créancier inscrit qui indique publiquement le montant des frais des poursuites. Ceux-ci sont préalablement taxés par le président de la juridiction compétente. Les enchères peuvent être présentées par un avocat ou par l'enchérisseur lui-même. Un même avocat peut présenter des offres de plusieurs enchérisseurs lorsque ceux-ci souhaitent être des co-adjudicataires. L'avocat dernier enchérisseur est tenu, dans les trois jours qui suivent l'adjudication, de déclarer l'adjudicataire et de fournir son acceptation, ou de représenter son pouvoir. Celui-ci est annexé à la minute de la déclaration notariée. Faute de dévoiler l'adjudicataire, l'avocat est réputé adjudicataire en son nom.

L'article 284 de l'AUPSRVE interdit à l'avocat, sous la sanction de la nullité de l'adjudication et des dommages-intérêts, de faire des enchères pour le compte des membres de la juridiction ou du notaire devant lequel l'adjudication est faite, du saisi, d'une personne notoirement insolvable, ainsi que pour son propre compte.

L'adjudication est faite au profit soit de l'adjudicataire qui a fait l'offre la plus élevée qui n'a pas été dépassée avant l'extinction des trois bougies allumées successivement, soit au profit du poursuivant, pour le montant de la mise à prix, s'il n'y a pas eu enchère (Art 285 AUPSRVE). Elle est prononcée par décision judiciaire ou procès-verbal du notaire. Tout adjudicataire peut, dans les vingt-quatre heures suivant l'adjudication, faire connaître par une déclaration « de commande », qu'il s'est rendu acquéreur pour le compte d'un autre, dont il révèle le nom.

## B. La surenchère

La surenchère est une procédure qui permet de remettre en cause l'adjudication pour parvenir à un meilleur prix.[46] Le surenchérisseur prend ainsi le risque d'offrir un prix supérieur au prix de l'adjudication. L'immeuble lui sera adjugé à ce prix à défaut d'enchère. La surenchère peut être faite par toute personne et ne peut être rétractée.

### 1. *Les conditions d'admissibilité de la surenchère*

La surenchère doit, en premier lieu, être d'au moins dix pourcent plus importante que l'enchère pour laquelle l'immeuble a été adjugé. En second lieu, elle doit être faite dans un délai de dix jours suivant l'adjudication.

---

[46] HONNAKER (P.), *op. cit.*, p. 307.

### 2. *La procédure de la surenchère*

Cette procédure est réglée par les articles 288 et 289 de l'AUPSRVE de la manière qui suit.

#### a. *L'offre de la surenchère et sa dénonciation*

Le surenchérisseur, ou son avocat, fait son offre de surenchère au greffe de la juridiction qui a ordonné la vente, ou auprès du notaire convenu. Cette surenchère est immédiatement mentionnée au cahier des charges. Dans un délai de cinq jours, le surenchérisseur est tenu de dénoncer la surenchère à l'adjudicataire, au poursuivant, et au saisi. La dénonciation doit être mentionnée au cahier des charges dans un délai de cinq jours. Elle doit indiquer d'une part, la date de l'audience éventuelle, au cours de laquelle seront jugées les contestations de la validité de la surenchère, et d'autre part, la date de la nouvelle vente. L'audience éventuelle ne peut être fixée avant vingt jours de la date de la dénonciation. La nouvelle vente ne peut, quant à elle, être fixée à plus de trente jours de la date de l'audience éventuelle. Lorsque le surenchérisseur néglige de dénoncer ou de faire mentionner la dénonciation au cahier des charges, le poursuivant, le saisi ou tout créancier inscrit ou sommé peuvent le faire à ses frais.

#### b. *La contestation de la validité de la surenchère*

La contestation portant sur la validité de la surenchère vise le non-respect des conditions d'admissibilité énoncées ci-dessus. Elle doit être faite par voie des conclusions, au plus tard cinq jours avant la date de l'audience éventuelle (article 289 al 1).

#### c. *La nouvelle adjudication*

Lorsque la surenchère n'est pas contestée, ou lorsqu'elle est validée à la suite d'une contestation, une nouvelle procédure d'adjudication est ouverte. Celle-ci est précédée par une nouvelle publicité faite par l'affichage d'un extrait du cahier des charges, huit jours au moins avant la date de la nouvelle vente. Si, au cours de cette nouvelle procédure, il n'y a pas d'offre de prix plus élevé que celui offert par le surenchérisseur, ce dernier est déclaré adjudicataire.

**Remarque :** Il n'est pas admis une surenchère sur seconde adjudication.

## C. Les formalités à accomplir après l'adjudication

Après l'adjudication de l'immeuble saisi, la décision judiciaire ou le procès-verbal d'adjudication du notaire est porté en minute à la suite du cahier des charges. Le greffier, ou selon le cas le notaire, délivre à l'adjudicataire l'expédition de la décision ou du procès-verbal. Cette délivrance ne se fait que lorsque l'adjudicataire apporte la preuve d'avoir, au plus tard, vingt jours après l'adjudication, payé le prix et exécuté les conditions du cahier des charges. Lorsque c'est le créancier qui a été déclaré adjudicataire, il n'est tenu qu'au paiement des frais de la procédure et de la partie du prix supérieure à sa créance.

Dès que l'adjudication devient définitive, une expédition de la décision judiciaire ou du procès-verbal d'adjudication est déposée à la conservation des titres immobiliers aux fins d'inscription. Cette formalité doit, sous peine de folle enchère, être accomplie dans un délai de deux mois. Si les biens saisis sont des impenses, l'expédition est déposée auprès de l'autorité administrative qui avait affecté le terrain au saisi, pour être inscrite en marge de la décision d'affectation.

## SECTION 3. LE CONTENTIEUX DE LA SAISIE IMMOBILIÈRE

Le contentieux de la saisie immobilière se rapporte au règlement des incidents que cette voie d'exécution peut provoquer. En cette matière, l'acte uniforme organise quatre types d'incidents. Il s'agit des incidents nés de la pluralité de saisies, des demandes en distraction, des demandes en annulation et de la folle enchère. Chaque type d'incident est régi par ses propres règles, il existe cependant des règles qui leur sont communes.

### §1. LES RÈGLES COMMUNES À TOUS LES INCIDENTS DE LA SAISIE IMMOBILIÈRE

Ces règles se rapportent à la forme des demandes, au moment où celles-ci doivent être formées, ainsi qu'au recours contre les décisions rendues.

#### A. Les formes des demandes relatives au contentieux de la saisie immobilière

Aux termes de l'article 298 de l'AUPSRVE, toute contestation, ou toute demande incidente formulée après la signification du commandement est faite par voie des conclusions. Lorsqu'elle est dirigée contre une partie qui n'a pas d'avocat, la contestation est formulée par assignation avec requête.

#### B. Le moment des demandes liées au contentieux de la saisie immobilière

Les contestations et demandes incidentes en matière de saisie immobilière doivent être introduites avant l'audience éventuelle. Elles peuvent être admises après celle-ci, mais jusqu'au plus tard huit jours avant l'adjudication, lorsqu'elles se rapportent à des faits survenus ou révélés après cette audience, ou lorsqu'elles tendent à faire prononcer la distraction ou la nullité de la procédure qui y a été suivie, ou encore la radiation de la saisie (Art 299 al 2 AUPSRVE). Appliquant cette règle, la CCJA a estimé que viole l'article 299, les dires déposés la veille de l'audience d'adjudication et tendant à voir ordonner la suspension des poursuites pour survenance des faits nouveaux, ces dires devant être déposés soit avant l'audience éventuelle, soit jusqu'au huitième jour avant l'adjudication[47].

---

[47] CCJA, arrêt n° 066/2012 du 17 août 2012, *Cour commune de justice et d'arbitrage*, Recueil trimestriel de jurisprudence, n° 19, juillet-décembre 2012, p. 65.

### C. Les recours

Par principe, les décisions tranchant une contestation en matière de saisie immobilière ne sont susceptibles ni d'appel, ni d'opposition. L'appel est admis exceptionnellement lorsque ces décisions statuent sur le principe même de la créance, ou sur des moyens de fond tirés de l'incapacité d'une partie, de la propriété, de l'insaisissabilité ou de l'inaliénabilité des immeubles saisis. Dans ce cas, le troisième alinéa de l'article 300 précise d'une part, qu'il n'est pas admis d'opposition contre les décisions d'appel, et d'autre part, que l'appel est soumis au droit commun. Par droit commun, il faut entendre les conditions de l'appel prévues à l'article 49 de l'AUPSRVE.

## §2. LES RÈGLES SPÉCIFIQUES À CHAQUE TYPE D'INCIDENTS

### A. Les incidents liés à la pluralité des saisies

#### 1. *Le cas des saisies pratiquées par plusieurs créanciers sur différents immeubles du débiteur et devant la même juridiction*

Lorsque plusieurs créanciers ont pratiqué, au même moment et devant la même juridiction, des saisies sur différents immeubles du débiteur, dit l'article 302 de l'AUPSRVE, les poursuites sont réunies à la requête de la partie diligente. Elles appartiennent au créancier dont le commandement est le premier en date. Si les commandements ont été publiés le même jour, c'est le créancier dont la créance est plus ancienne qui mène la poursuite.

#### 2. *Le cas des commandements postérieurs comprenant des biens figurant sur un commandement précédent fait à la demande d'un autre créancier*

Le commandement d'un créancier qui comprend des biens figurant sur des commandements antérieurs d'autres créanciers, ne sera publié que pour les biens qui ne figurent pas sur le premier. Le second créancier est tenu de dénoncer ce commandement publié au premier saisissant. C'est ce dernier qui mène les deux procédures, si elles sont au même niveau. Si les procédures ne sont pas au même niveau, le premier poursuivant sursoit ses poursuites jusqu'au moment où elles le seront. L'acte uniforme permet au deuxième poursuivant de demander la subrogation du premier, lorsque celui-ci néglige de mener la procédure sur la seconde saisie dénoncée, ou lorsqu'il y a fraude ou collusion avec le débiteur. Cette demande est adressée au conservateur des titres immobiliers au moins huit jours après une sommation infructueuse de continuer les poursuites, faite au premier saisissant. Dans le cas de fraude, le deuxième créancier est admis à demander des dommages-intérêts.

Au cas où la subrogation est accordée, le créancier premier poursuivant est tenu de fournir au subrogeant toutes les pièces relatives à la procédure. Il ne sera payé de ses frais engagés que sur le prix de vente de l'immeuble après adjudication. Si le premier poursuivant avait déjà procédé à la publicité en vue de la vente, la mise à prix ne pourrait être modifiée que dans le délai fixé par l'article 276 de l'AUPSRVE, c'est-à-dire trente jours au plus tôt, et quinze jours au plus tard avant l'adjudication.

### B. Les demandes en distraction

Lorsque l'immeuble saisi appartient à un tiers qui n'est pas personnellement tenu de la dette dont le recouvrement est poursuivi, celui-ci peut solliciter que ledit immeuble soit soustrait de la saisie. Cette demande formée à la fois contre le saisi et le saisissant, doit être faite jusqu'au plus tard, le huitième jour avant l'adjudication (Art 299 al2 et 300 AUPSRVE).

La demande en distraction est suspensive des poursuites lorsqu'elle concerne la totalité des immeubles saisis. Si elle ne se rapporte qu'à une partie, les poursuites, sauf décision contraire du tribunal, seront continuées pour les immeubles qui ne sont pas concernés. Lorsque la distraction partielle est accordée, le poursuivant a la faculté de modifier la mise à prix.

### C. Les demandes en annulation

Les demandes en annulation, visant aussi bien la forme que le fond, contre la procédure qui a précédé l'audience éventuelle, doivent être faites par voie des dires et observations insérées au cahier des charges au plus tard cinq jours avant la date de cette audience. Lorsqu'elles sont relatives à un fait survenu ou révélé après l'audience éventuelle, les demandes en annulation peuvent être introduites après et, au plus tard, huit jours avant l'adjudication (Art 299 al2, et 311 de l'AUPSRVE). Dans le cas où l'annulation vise la décision judiciaire d'adjudication ou le procès-verbal notarié d'adjudication, la demande ne peut être formée par voie d'action principale que dans un délai de quinze jours suivant l'adjudication, et devant le juge du ressort où cette dernière a été faite. Dans ce cas, elle ne peut porter que sur des motifs concomitants ou postérieurs à l'audience éventuelle, et peut être formée par tout intéressé, à l'exception de l'adjudicataire (Art 313 AUPSRVE).

La demande en nullité suspend les délais nécessaires pour accomplir les actes de procédure qui doivent être accomplis après l'acte qu'elle vise. Ces délais ne reprennent leur cours qu'à compter de la date de la décision judiciaire qui tranche cette demande. L'annulation, lorsqu'elle est prononcée, a **un effet relatif.** Elle n'affecte que l'acte visé et non toute la procédure. Ainsi, lorsque la demande en nullité est fondée, la procédure doit être reprise à partir du dernier acte valable (Article 311 AUPSRVE).

Aucune poursuite ne peut être annulée au motif qu'elle a été commencée pour une somme plus importante que celle due au créancier.

## D. La folle enchère

### 1. *La notion de folle enchère*

La folle enchère est la procédure par laquelle le saisi, le créancier poursuivant, ou les créanciers inscrits et chirographaires, sollicitent l'anéantissement de l'adjudication, en raison des manquements de l'adjudicataire. Cette procédure provoque une nouvelle adjudication. La folle enchère est dirigée contre l'adjudicataire ou ses ayants causes.

### 2. *Les causes de la folle enchère*

Le deuxième alinéa de l'article 314 de l'AUPSRVE détermine les deux causes pouvant donner lieu à la folle enchère. Il s'agit :

- du défaut, pour l'adjudicataire de justifier dans un délai de vingt jours à compter de l'adjudication, soit d'avoir payé le prix et les frais, soit d'avoir satisfait aux conditions fixées dans le cahier des charges ;
- du défaut pour l'adjudicataire de faire publier la décision judiciaire ou le procès-verbal notarié d'adjudication à la conservation des titres immobiliers dans le délai de deux mois, tel que prescrit par l'article 294 de l'AUPSRVE.

### 3. *Le délai de la folle enchère*

L'article 315 de l'AUPSRVE précise qu'il n'y a aucun délai pour attaquer un adjudicataire par voie de folle enchère. Toutefois, cette dernière n'est plus recevable lorsqu'elle est formée après la disparition de la cause sur laquelle elle est fondée.

### 4. *Le déroulement de la folle enchère*

#### a. *La procédure lorsque le titre d'adjudication n'a pas été délivré*

Lorsque le titre d'adjudication n'a pas été délivré, le greffier, ou le notaire qui a organisé l'adjudication délivre à la personne qui poursuit la folle enchère un certificat qui atteste que l'adjudicataire n'a pas justifié le respect des conditions du cahier des charges. Celui-ci peut former opposition contre la décision de délivrance de ce certificat. La contestation née de l'opposition formée par l'adjudicataire contre la décision de la délivrance dudit certificat est tranchée par le président de la juridiction par une décision non susceptible de recours.

Le certificat ainsi obtenu est ensuite signifié à l'adjudicataire. Une nouvelle publicité en vue d'une nouvelle adjudication est faite dans les cinq jours suivant la signification. La nouvelle adjudication doit intervenir au plus tôt, quinze jours et, au plus tard, trente jours après la publicité. Les affiches en vue de la vente indiquent les noms, prénoms et domicile du fol enchérisseur, le montant de l'adjudication, la nouvelle mise à prix faite par le poursuivant, ainsi que le jour et le lieu sur l'ancien cahier des charges, où se réalisera la nouvelle adjudication. Dans un délai de quinze jours au moins avant l'adjudication, le jour, heure et lieu de l'adjudication sont signifiés à l'adjudicataire, au saisi, au saisissant et aux créanciers. L'article 318 précise que cette signification est faite par acte d'avocat à avocat, ou à défaut, par l'huissier.

### b. *Procédure lorsque le titre d'adjudication a été délivré*

Lorsque le titre d'adjudication a été délivré, celui qui poursuit la folle enchère signifie, avec commandement, à l'adjudicataire, la décision judiciaire ou le procès-verbal d'adjudication. Cinq jours après cette signification, la publicité et la vente interviennent comme dans le cas d'une folle enchère lorsque le titre d'adjudication n'a pas été délivré.

### 5. *Les effets de la folle enchère*

Si, à la suite de la procédure de folle enchère il n'y a pas de nouvelle adjudication, jusqu'au jour de la nouvelle vente, dit l'article 320, le fol enchérisseur justifie avoir exécuté les conditions du cahier des charges et fait une consignation d'une somme d'argent fixée par le président de la juridiction pour faire face aux frais de la procédure. Ainsi, l'immeuble saisi lui est attribué. Si, après la folle enchère, il n'y a pas d'enchère, la mise à prix peut, par une décision du président de la juridiction, être diminuée, sans pour autant être inférieure au quart de la valeur vénale de l'immeuble (Art 322, renvoyant à l'article 267, 10). Dans ce cas, le poursuivant en folle enchère, qui n'est pas admis à faire une nouvelle enchère, est déclaré adjudicataire pour la mise à prix, s'il n'y a toujours pas d'enchère.

Le fol enchérisseur est tenu d'une part, des intérêts de son prix jusqu'au jour de la seconde vente, et d'autre part, de la différence entre ce prix et celui de la deuxième adjudication, si celui-ci est faible. Lorsque le prix de la deuxième vente est supérieur à celui auquel le bien a été adjugé, le fol enchérisseur ne profite pas de la différence en plus.

## CHAPITRE III

# LA DISTRIBUTION DU PRODUIT DE LA VENTE DES BIENS DU DÉBITEUR

La saisie des biens du débiteur, sauf lorsqu'il s'agit d'une saisie-attribution ou d'une saisie-appréhension, n'a pas pour effet de transférer la propriété de ceux-ci au créancier saisissant. Ce dernier ne sera désintéressé que sur le produit de la vente, lequel lorsqu'il y a plusieurs créanciers, fera l'objet d'une distribution. Cette dernière est régie par le titre X de l'AUPSRVE, dont les règles varient selon qu'il y a ou non plusieurs créanciers.

## SECTION 1. LA DISTRIBUTION LORSQU'IL Y A UN SEUL CRÉANCIER

Lorsqu'il n'y a qu'un seul créancier, il n'y a aucune difficulté pour la distribution. L'article 324 prescrit que le produit de la vente est remis au créancier jusqu'à concurrence de sa créance, en principal, intérêt et frais, dans un délai de quinze jours à compter du versement du prix. Dans le même délai, le reste du prix de vente est remis au débiteur.

## SECTION 2. LA DISTRIBUTION EN CAS DE PLURALITÉ DE CRÉANCIERS

### § 1. LA DISTRIBUTION CONVENTIONNELLE

Lorsque plusieurs créanciers sont en concours, l'article 325 de l'AUPSRVE leur laisse la latitude de procéder à une distribution conventionnelle du produit de la vente des biens du débiteur. La convention des créanciers est faite soit sous signature privée, soit sous la forme authentique. Elle est ensuite adressée au greffe ou à l'auxiliaire de justice qui détient les fonds, lequel doit les leur verser dans un délai de quinze jours, à compter de la réception de l'accord. Dans le même délai, le surplus est reversé au débiteur.

## §2. LA DISTRIBUTION JUDICIAIRE

Lorsque, dans un délai d'un mois suivant le versement du prix par l'adjudicataire, les créanciers n'ont pu conclure un accord, le plus diligent d'entre eux peut saisir le président de la juridiction compétente ou le magistrat qu'il délègue, pour statuer sur une répartition du prix (Art 326 AUPSRVE). L'acte de saisine, qui est également signifié au saisi, indique la date de l'audience et fait sommation aux créanciers d'une part, d'indiquer ce qui leur est dû, et leur rang, et d'autre part, de communiquer en même temps toute pièce justificative. La sommation reproduit les dispositions de l'article 330.

L'acte uniforme n'ayant posé aucune règle sur la manière dont le juge doit procéder au partage du prix de vente, ce dernier doit procéder, ainsi que le veut l'article 245 de la loi du 20 juillet 1973, à un partage respectant le principe de la proportionnalité, sauf s'il existe des causes légales de préférence.

La juridiction compétente peut modifier l'état des collocations[48], si au cours de la procédure, intervient une adjudication ou une la procédure de folle enchère. La décision relative à la répartition du prix est susceptible d'appel dans les quinze jours de sa signification. L'appel n'est recevable que si le montant de la somme contestée est supérieur au taux des décisions judiciaires rendues en dernier ressort.

L'audience devant statuer sur la distribution judiciaire ne peut avoir lieu moins de quarante jours après la dernière signification de l'acte de saisine. L'article 330 impose aux créanciers, sous peine de déchéance, de produire leurs pièces au greffe de la juridiction, dans un délai de vingt jours à compter de la sommation. Les dires et observations des créanciers peuvent être déposés au plus tard, cinq jours avant la date de l'audience. Ils doivent être communiqués aux parties. L'audience de la répartition ne peut être remise que pour un motif grave et justifié. La décision accordant ou refusant la remise n'est pas susceptible de recours.

---

[48] La collocation est le classement des créanciers dans l'ordre où ils doivent être payés.

# RÉFÉRENCES BIBLIOGRAPHIQUES


ASSI-ESSO (A.-M. H.), DIOUF (N.), *Recouvrement des créances*, Bruxelles, Bruylant, coll. « Droit uniforme africain, » 2002.

BERGEL (J.-L.), *Théorie générale du droit*, 3e édition, Paris, Dalloz, 1999.

DJOGBENU (J.), *L'exécution forcée droit OHADA*, 2e édition, Cotonou, CREDIJ, 2011.

GUINCHARD (S.), BRANDRAC (M.) et Autres, *Droit processuel : droit commun et comparé du procès*, 3è édition., Paris, Dalloz, 2005.

HOONAKKER (P.), *Procédures civiles d'exécutions : voies d'exécutions, procédures de distribution*, Orléans, Paradigme, 2010.

ISSA-SAYEGH (J.), POUGOUE (P.), SAWADOGO (F.) et Autres, *OHADA, Traité et actes uniformes commentés et annotés*, 4e édition, Juriscope, 2012.

KAHISHA ALIDOR MUNEMEKA, *Précis de droit judiciaire privé : procédure de droit privé, recouvrement simplifié des créances et voies d'exécution OHADA, Arbitrage OHADA*, Kinshasa, CCEF_OHADA, 2015.

LEFEBVRE (F.), *OHADA, traité, actes uniformes et règlements annotés*, Levallois-Perret, Francis Lefebvre, 2013.

MATADI NENGA GAMANDA, *Droit judiciaire privé*, Louvain-la-Neuve, Academia-Bruylant, 2006.

ONANA ETOUNDI, *Grandes tendances jurisprudentielles de la cour commune de Justice et d'Arbitrage en matière d'interprétation et d'application du droit OHADA*, coll. « Pratique et contentieux de droit des affaires », éd. spéciale, octobre 2011.

PEROT (R.), *Cours de voies d'exécution*, Paris, Les Cours de Droit, 1977.

PEROT (R.), *Les institutions judiciaires*, Paris, Montchrestien, 2002.

POUGOUE (P. G.) et KUATE TEGHE (S. S.), *Les grandes décisions de la cour commune de justice et d'arbitrage de l'OHADA*, Paris, L'Harmattan, 2010.

SABA (A.), *La protection du créancier dans la procédure simplifiée de recouvrement des créances civiles et commerciales : droit de l'OHADA et pratiques européennes*, 2e édition, Paris, Global Finance Securities, coll. « Pratiques judiciaires et législatives », 2011.

# TABLE DES MATIÈRES

DEUXIÈME PARTIE

## LES RÉGIMES SPÉCIFIQUES DES DIFFERENTES VOIES D'EXÉCUTION

www.ingramcontent.com/pod-product-compliance
Lightning Source LLC
LaVergne TN
LVHW010055061026
849532LV00004BC/1656